古代画家

◎韩莹莹　马赟／著

那些事儿

中原出版传媒集团
大地传媒

河南美术出版社
·郑州·

目录

序言
"绘"当凌绝顶

　　纵观中国绘画史上那些数不清的画家，有多少能够被人记起，而那些被记起的画家，他们的辛酸又有多少人知晓？本书列举的二十位古代画家是经过精挑细选的，担得起"'绘'当凌绝顶"这五个字。有那么多同样优秀的画家，为什么选了这几个呢？缘于他们都曾有过难以言语的艰辛，并大方接受后继续挺直腰板挥洒笔墨。也有许多画家同他们一样，但是没有被著录在此书中。不是把他们遗忘了，而是由于种种原因不得已放下他们。世上只存在三件事，自己的事、他人的事和上天的事，他人的事我们管不到，上天的事违背不了，只有做好自己的事才是最重要的。他们早有意识，像是默契一样，在绘画中寻求一生的酣畅淋漓。

　　画家的最终成就或许不只体现在绘画技巧上，工匠也能拥有娴熟高超的画技，但是他们始终没有脱离工匠这个"匠"字，为了画画而画画是一种循规蹈矩恶性循环。画家的每一件作品也不是凭空出世的，其间饱含的思想、感悟、情愫、人生阅历等精神层面对画作的赋予，是一幅画的灵魂，也是画家的灵魂。

　　在写此书之前，对于这些画家的了解还只是停留在他们的艺术成就上；经过这么长时间的深入接触，才算真正明了，他们为什么会有这样或那样的成就。喜欢一个人，就是在那一瞬间，或许只是一个眼神、一个动作。爱他，就是要接受他的全部，就像董其昌，喜欢他的人都能够接受他在品格上的缺陷，能做到了解他的缺点后还一如既往地追随他，这就是真正的喜欢。

　　虽身处当下这个快速而又有些无情的世界，但那些资料中透出的温婉，终究还是占据了整个心灵，或许是那古籍的墨香，或许是那人物命运的多舛，都铭刻在心难以忘却。平淡的语句带来的震撼足以激活原本几近枯萎的灵魂。

　　这群人有"读万卷书"的涵养，有"行万里路"的阅历。有句话是这样说的："画法与诗文相通，必有书卷气而后可以言画。"在这里，读书修养变成了作画的先决条件，这二十位饱读诗书的画家将一身书香气息灌注在画作上，人生经历对于他们的创作思维起到了极其重要的作用。

　　像古人那样全身心投入到自然山水的闲情现代人怕是没有了，我们只能每逢节假日那短暂的几天去山水间感受自然之灵气，这对现代人来说已经足够了。在种种牵绊的烦心中，漫步于自然，以草地为床，以鸟鸣为乐，以露气为被，就这样闭着眼冥想着，所有不快与哀愁统统不再。

　　为众人熟知的唐寅唐伯虎，他不论是对爱情还是绘画都保持一份执着。对艺术的追求就像是对爱情一样，虽然不是每一份付出都有回报，但至少存在这个世界间，认识了绘画，了解了绘画，就已足够。我们没有朱耷、唐寅那些画家那般凄惨颠簸的命运，也没有倪瓒、石涛他们那样清逸脱俗的思想，唯一值得庆幸的是：我们可以从作品中了解他们的感受，探寻他们的悲伤。说不上感同身受，却足以在心中掀起层层波澜。曾经幻想，有没有一个画家的作品能将人感动到哭泣？这一点，对于音乐、电影来说不算什么难事，但对于绘画，特别是中国画，能像利剑一样直入人心，是多么难得啊！

　　看一幅作品的同时也需要了解作者的生平，这样不会苍白无力，不会毫无头绪地迷失在那笔触中。我们需要了解这些被渐渐淡忘的古代画家，看现在，愿意了解他们的除了是专业所需，再就是兴趣爱好。星辰该如此陨落么？经过千百年时间的洗礼，留下来的曾经的辉煌怎么就这么默默无闻，只等懂它们的人出现，再现当年容姿。"思君令人老，轩车来何迟"，是否那些早已作古的画家和那些传世至今的画作都在发问：深爱我的那个人，真正懂我的那个人，为什么来得这样迟？可终究，还是来了。

写这本书不为别的，只因需要，是读者，是作者，或是那些作品，还是那些深埋每个人心中的孤寂灵魂。不论是人还是物，皆有其存在的意义，衡量他的价值高低，跟"有"无关，这个"有"便是除精神层面以外的可以用物质衡量一切的。虽说董其昌的品行不怎么样，但不得不承认，他在绘画和绘画理论上，极少有人能与其比肩，这里没有偏颇，没有高低。

真心希望，读者们在阅读这本书时，能够感受到画家那些不一样的人生、不一样的生活方式。这些带来的不只是视觉上的满足，更多的是经历、感悟之后的充实和兴奋，并能从他们的作品中感受到那么一丝舒适。这里没有世界的喧嚣，没有社会的混杂，也没有身边人带来的不幸福。这本书虽厚不盈寸，却装载了二十位古代顶级画家的人生，这是厚重的。本书能够带给各位读者的除了对绘画和画家的了解，也能使读者在阅读时深思这个喧杂的世界。绚烂背后尽是伤悲，但是他们不需要同情，他们要的是坚强躯壳下那永不会变的孤傲灵魂。信念在，躯体不在又如何？

编写这本书时深感压力重重，我们努力将这些画家的事迹、画作整理得足够详细，但是我们深知书中还有很多缺点，不足之处，还望读者朋友见谅，为此，我们殷切希望方家给予批评指教。

顾恺之（约348—409）
不"痴"不艺术

　　在魏晋时期，"痴"仿佛是一种风潮，被视为名士风流的表现。他们专情，他们放任自由，可放可收。顾恺之就是这样一位"痴绝"，他的"三痴"被广为传颂和效仿，正是因为他的"痴"，才造就了"以形传神""尽在阿堵中"的绘画理论。他创作了《洛神赋图》《女史箴图》等传世名作，并著画论书籍，为中国绘画作出了杰出的贡献。在他的世界里，"痴"是对艺术的理解，也是对生活的态度。

　　东晋著名画家顾恺之，出身高门士族、书香人家，顾家祖辈都是晋朝官员，顾氏家族是吴郡"顾、陆、朱、张"四大门阀士族之一。顾恺之，字长康，小字虎头，生于晋陵无锡，也就是今天的江苏无锡。顾恺之与曹不兴、陆探微和张僧繇合称为"六朝四大家"，同时也被称之为"三绝"：画绝、才绝和痴绝，"画绝"是说顾恺之擅长绘画；"才绝"是顾恺之聪颖，多才多艺；"痴绝"便是顾恺之专心研究艺术的不懈精神。顾恺之的为官之路似乎并无坎坷，366年当上大司马参军，392年为殷仲堪参军，405年升为散骑常侍。代表作有《女史箴图》《洛神赋图》；画迹有《秋江晴嶂图》《庐山图》《雪霁望五老峰图》等名作。现存的《女史箴图》《洛神赋图》《烈女仁智图》均为唐、宋人摹本。

顾恺之的贡献不只体现在绘画作品上，他的绘画理论流传至今，尤为可贵。在其三本绘画理论书籍《画论》《魏晋胜流画赞》和《画云台山记》中提出了"以形写神""尽在阿堵中"的传神理论。顾恺之学画师从卫协，最善于人物画。他的画作具有独特的风格，因此被称为"顾家样"，所画人物清瘦俊秀，这就是所谓的"秀骨清相"，这副模样就是他特有的"春蚕吐丝"般流畅延绵的线条所带来的效果。

唐代张彦远在他的《历代名画记》中说道："晋之顾，宋之陆，梁之张，首尾完全，为稀世珍宝，皆不可论价"，"谢安深重之，以为苍生以来未之有"。谢安认为顾恺之的人物画是前无古人的。通过后世对顾恺之的评价也可以看出，他的艺术地位是不可动摇的。同时，他的艺术成就也体现了东晋时期中国绘画的最高水平。

张彦远在《论顾陆张吴用笔》中写道："顾恺之之迹紧劲连绵，循环超忽，调格逸易，风趋雷疾。意存笔先，画尽意在，所以全神气也。"其笔法如"春蚕吐丝"，紧劲有力，轻盈流畅，遒劲爽利，称为"铁线描"，造型布局六法俱全，运思精微，襟灵莫测。作品《女史箴图》用笔最大的特点是线条圆而转、细而匀，没有方折。由于六朝时期是以篆书为主，受其影响，顾恺之在绘画上没有用刚硬的线条，线条本身也没有粗细变化，人们认为这种线条很高古，所以称之为"高古游丝描"。

顾恺之的风格之所以那么突出，都源于他的用笔。魏晋是以瘦为美的时期，所以"秀骨清相"在当时的人物造型中被广泛表现和崇拜。"骨"在人物造型上是和人物的"神"相连的，只有"骨"到了才能体现出"神"。顾恺之的运笔连绵不绝，对于线条力度的把握很均匀。"意存笔先，画尽意在"中的"意"便是说人物风骨这层含义。顾恺之对用笔的独到理解可以说是奠定了中国传统绘画的基础。

《女史箴图》是根据西晋诗人张华的赋所创作的。全画一共九段，每一段都是一个古代宫廷女人的传奇故事，这传奇故事其实也就是为了宣扬社会道德规范所画的"好人好事"，说到底还是为统治阶级的政治服务的。在每段画前面，顾恺之都亲自抄上张华的一段赋，可谓是图文并茂的"政治宣传册"。画后有顾恺之自己的签字，这大概是最早有画家签名的一幅画了吧。原作上的印章和题跋也值得一提，上面盖满了从公元8世纪起，历代收藏家的印章，后面还有金章宗和清乾隆皇帝以及其他人的题跋，更有趣的是，那自恋的乾隆皇帝亲自在画上画了一束兰花。

《女史箴图》拥有"异于常画"的传奇命运，过程相当坎坷。在清光绪二十六年，也就是1900年，《女史箴图》被八国联军掠走，1903年，被大英博物馆收藏，其间，丢失了前两段。大英博物馆在对此画进行修复的时候请的是日本人，日本的中国画修复技术不达标，才导致现在的《女史箴图》只能一直摊开着。此画现藏于英国伦敦不列颠博物馆。

《洛神赋图》是根据曹植的《洛神赋》创作的。画中，曹植和随从在岸上深情遥望着水上飘逸窈窕的洛神，在洛神周围的神兽衬托得洛神更加娇艳。赋中描写的是一段凄惨的爱情故事。话说有一位姓甄的女子，她是袁绍之子袁熙的妃子，在官渡之战后，被曹操俘虏，本来曹操是想自己独占这位闻名已久的大美女，可谁知曹丕先其一步，曹操虽然很生气，但是他还是理智的，再怎么着，也不能因为一个女人而杀了自己儿子吧，便顺水推舟地把甄氏许给了曹丕。事实上，曹植和这个甄氏也互有好感。婚后，曹丕也是有点儿介意甄氏与曹植的情愫，所以冷落她而宠幸郭后。不久，甄氏便被曹丕的另一位妃子设计陷害，被曹丕下令处死。曹丕又见曹植时，深感愧疚。曹丕也真是的，得到人家了就好好待她嘛，何必让她命丧黄泉，这真是印证了那句"红颜薄命"。曹丕把甄氏生前用的金缕玉带枕送给曹植，曹植伤心欲绝，整日睹物思人。一次，他在回封地东潘时经过洛水，夜里枕着甄氏的枕头睡觉，梦见了甄氏来找他，一觉醒来的他在这悲喜交加的心情下，创作出了《洛神赋》。《洛神赋》原本叫《感甄赋》，是甄氏的儿子感觉这名字太露骨了，遂改为《洛神赋》。再后来，顾恺之就将这段凄惨故事搬到了绘画上。

作为赋，它言辞瑰丽，动情动心，人神相恋悲戚难断；作为画，画面中的人物生动，飘飘欲仙，如痴如醉，哀伤席卷画卷。

洛神赋图 （局部）

画中的洛神，被顾恺之的"铁线描"描绘得仙骨风流，她那在水上凌波微步的曼妙身姿，将她"若往若还"的矛盾心态刻画得生动传神。作品神情刻画生动，主题内容突出，线条简练飘逸，色彩鲜丽而不失典雅。富于强烈装饰性的画面环境将人物与景色融合得恰到好处。唯一要说的，便是画中的树都没有根茎，好像随时都会倒下，缺乏苍劲和生机，摇摇欲坠，如同这感情一样，不得结果。

画中树石的画法古朴幼稚，"水不容泛，人大于山"的早期山水画特点在这里一览无余。整体的人物安排疏密得当，完美再现了不同时空的相同人物自然交替与重叠的真实感。洛神身边的神兽，全凭作者个人想象，这一个个鲜活的视觉神兽形象，让人不禁联想到《山海经》。画中长着豹子头一样的怪鱼、还有长着鹿角马脸的海龙等，虽然都是在水上奔驰，却不见水花四起，这就是"水不容泛"，这种种构思都能看出顾恺之深受玄学思想的影响。

这是一则时间与情节非常完整的神话故事。从时间上看，该图展现了人与神长达三昼两夜的感情经历，这样具体交代时间过程的画品在古代绘画中尚属首例。这般细腻地反映时间过程十分符合表现复杂感情的需要，特别是划分出具体的时间段落，极易帮助欣赏者解读，似乎读者也随着曹植度过了那动人心弦的日日夜夜。

现存的《洛神赋图》画卷虽是宋人摹本，但它较为完整地保留了顾恺之的艺术特点和魏晋六朝时的画风，是最为接近原作的画卷。绢本设色，纵27厘米，横572厘米，现藏于北京故宫博物院。此画于2005年9月28日被国家邮政局发行成了邮票，广为传播。

洛神赋图（局部）

　　此图可分为三大部分，第一部分，曹植在洛水边歇息，洛神凌波而至，欲行还止；第二部分，洛神在水上挥袖歌舞，周边的神兽为其护驾；第三部分，洛神已乘风归去，曹植坐在马车上心怀不舍与无奈，却只能回首相送。

　　《洛神赋图》是结合了文学家曹植的爱和画家顾恺之的情的"爱情结晶"，这幅画在文学史上和绘画史上的地位都是举足轻重的，它的艺术地位不可替代。

　　顾恺之对画论的研究不亚于他的绘画。他提出的"迁想妙得""以形写神"等论点对当时以及后世都具有很大影响。其中"以形写神"这一论点是最受关注的。"神"就是指同天赋、气质、个性相关的智慧、才能和精神，同时又将其提升到了人生哲理的高度，要求达到人生应有的某种精神境界。《世说新语·巧艺》中说："顾长康画人，或数年不点目睛。人问其故，顾曰：'四体妍蚩，本无关于妙处，传神写照，正在阿堵中。'"眼睛是人性格精神的集中点，若是对眼睛的描绘精确传神，人物形象也就活了。这就是对"神"有所要求，顾恺之看重写"神"，意在抓住对象的特征与灵性。顾恺之重"神"不是说"形"不重要、在绘画时可以忽略"形"的存在，而是要把"形"和"神"明确地区分开来，"形"的描画是为了写"神"，"形"相对于"神"处于从属地位，为"神"服务。

　　顾恺之的"神"不局限于人物画，此理论还渗透到山水画中。山水画独立的时期大致是在东晋末。王微的将山水拟人化与宗炳提出的"畅神"都受到了顾恺之的影响。

　　形象的根本目的在于"写神""传神"，而不是拘泥于外在的形似。在对"形"之美上，顾恺之持以充分肯定，在绘画技法上，造型准确也是绘画的基本要求之一，要恰当适宜地处理"形"在绘画中的位置。齐白石曾说过："绘画如何把握似与不似的关系，绘画妙就妙在似与不似之间，太似则媚俗，不似则欺世。"所以在顾恺之的论点中，"神"是目的，是重点，"形"的存在也至关重要。

　　顾恺之的作品《女史箴图》《烈女仁智图》中清晰地体现出儒家思想。

烈女仁智图（局部）

他在受到儒家思想影响的同时，也深受道家和玄学的影响，但玄学的倾向是基本。玄学对顾恺之的画论影响极大。在他的画论和绘画创作中处处体现着他的基本思想。

生活中，顾恺之是一个事事用心的人，就是吃个甘蔗他也能吃出哲理。顾恺之很爱吃甘蔗，可他与别人不一样的是，他每次都是先从甘蔗梢部吃起，有人就问了："你怎么倒着吃呢？够怪的。"顾恺之便说："这样才能渐至佳境呀！"甘蔗的梢没有根甜，想要越来越有味道，倒着吃是再好不过了。

顾恺之对山水画的研究也是值得一说的，他著的《画云台山记》一书便可以说明他对山水画理论的造诣。此书是山水画兴起的源头，其中《雪霁望五老峰图》被推崇为山水画开山之作。书中说"山有面则背向有影，可令庆云西而吐于东方。清天中，凡天及水色尽用空青，竟素上下以映日"。从这句话中便可看出，中国早期山水画家对色彩和光影并非一无所知、视若无睹，而是源自现实中的真山真水。《画云台山记》通篇是在谈"布置"与"造景"、现实与想象的结合，如何构出层次清晰、画面完整的山水。他的这些画论成了后世画家作画时的座右铭。

展子虔（550—604）
丹青妙手

　　他没有那么多的传世作品，可仅一幅《游春图》的艺术价值就是多少人所不及的，他就是山水画开派之人——展子虔。他用他细腻且热情的绘画手法，独到的构图思维，将"水不容泛，人大于山"的稚拙山水画带向了"咫尺千里"的突破。这位"唐画之祖"的地位谁能撼动？

　　展子虔是北周末隋初时著名的宫廷画家，祖籍在今天的山东阳信县温店镇郭家楼村。他是现今唯一有画迹可考的隋代著名画家，在中国绘画史上占据着重要地位，与当时的董伯仁齐名。据载，展子虔是位多产画家，但现今传世作品也只有两幅：《游春图》和《授经图》。展子虔有着很漫长的为官之路，这一点在唐代张彦远的《历代名画记》中可以得到证实，书中说展子虔："历北齐、周、隋，在隋为朝散大夫、帐内都督。"

　　展子虔的山水画被《宣和画谱》称赞为"善画台阁，写江山远近之势尤工，故咫尺有千里趣"。展子虔在山水画上所达到的成就及其绘画方法，为唐代画家李思训、李昭道父子开辟了金碧山水的先河，因而被后世誉为"唐画之祖"，说他是中国绘画史上承前启后的一代宗师也不为过。

由于隋代以前的山水画均无留存，所以只能通过文献记载和在人物画中作为背景出现的山水形象去一一探究，展子虔的山水画可以说是我国山水画的转折点，起到了承上启下的作用。

张彦远在《历代名画记》中说："二阎师于郑、张、杨、展。"也就是说，唐初最有影响的人物画大师阎立本也曾以展子虔为师，可见展子虔对唐代人物画的影响之大。

元代汤垕在《画鉴》一书中说展子虔人物"描法甚细，随以色晕开。人物面部神采如生，意度具足，是可为唐画之祖。"他的人物画从人物性格、地位等方面把握其"神"上的独一性和辨认性，使得人物独具神采，不至呆板。展子虔的马也是人人称叹的佳品，宋代董逌在展子虔画作题跋中说："展子虔作立马，而有走势；其为卧马，则有腾骧起跃势。"据文献记载，叙述他画的马各尽其态，妙处尽在，马的行走坐立腾跃之姿被描绘得惟妙惟肖，独具特色。

"画山水，展子虔，游春图，春光艳；山青青，水蓝蓝，近咫尺，千里远。通幽径，峰回转，小桥旁，绿树掩；妇人立，竹篱前，江南春，美无限。"这一首传诵至今的歌谣，叙述的便是展子虔的《游春图》。

《游春图》是现存最早的卷轴画，现藏于北京故宫博物院。此画堪称故

游春图（局部）

宫的镇馆之宝。绢本，青绿设色，纵43厘米，横80.5厘米，画上有宋徽宗题写的瘦金书"展子虔游春图"六个字。《游春图》被董其昌视为"世所罕见"的墨宝。根据记载，展子虔一生最有名的作品是《四季图》，《游春图》只不过是《四季图》中的一幅，另外三幅分别是《童子戏水图》《落叶图》和《踏雪图》。这三幅图并没有存世，假若还在，这一系列画作的艺术和学术价值的震撼力绝对不可小觑。从画上的题记印章可知，《游春图》是一幅流传有序的中国早期山水画艺术珍品，该画在北宋时收入宫内府，元代为鲁国大长公主所有，明代由严嵩收藏，清代再度入宫，溥仪带着众多文物字画向北逃亡，其中就有《游春图》。后来，这幅画辗转到了北京琉璃厂，要高价卖给洋人，这个消息被当时民国"四大公子"之一的张伯驹知道了，张伯驹变卖了老宅和妻子的全部首饰，只为不让国宝流入国外，新中国成立后他将此画无偿捐献给了国家。有了类似张伯驹这样的爱国志士对国家文物的保护，我们现在才能有幸目睹这些珍品。

中国山水画独立萌芽于六朝时期，那时候的稚拙之感到了隋朝有所改变，这从《游春图》中便可知晓。清代张庚说："画，绘事也，古来无不设色，且多青绿。"青绿山水在中国山水画发展史上是出现最早的一种形式，到唐朝时期已趋成熟，其中金碧青绿山水的杰出代表是李思训、李昭道父子。李家父子的金碧山水便是继承了展子虔的设色山水。清代"四王"之一王石谷说："凡设青绿，体要严重，气要轻清，得力全在渲晕，余于青绿法静悟三十年始尽其妙。"也就是说，画青绿山水需要有水墨画功底的，夸展子虔功力深厚是有证据的。

《游春图》以游春、探春为主题，采用全景式构图，画面宏阔波澜，稳定而完整；在有限的画面上绘出无限的山水景色，山川形象的真实感较强，在空间处理上虚实适宜、布置写实，已经摆脱了魏晋稚拙时期"水不容泛，人大于山"的现象，将"咫尺千里"的特点展现得尤为可观。虽然对树石的描绘还有些简陋，但也不是"若伸臂布指"，画面已具有完整的意境，这是山水画趋于成熟的重要标志。画上人物情态各不相同，神情描绘生动自然，远处山峰上点点翠色，伴着祥云随风而舞。它生动地描绘出辽阔大地上嫩芽待出、万木复苏，一派春意盎然，祥和又富有生机的景象。伴随着这新出的春色，游人们在山路间穿梭游览，妇人的婀娜多姿，少年的活泼好动，都一一呈现出来。作者把握了不同人物应有的神情动作，将人物生动活泼地安排在这无尽的山水间。展子虔对人物的细致观察源于他那热情细腻的性格，在山水画中能做到可放可收、可粗可细，用阅人无数的经验，在画作上绘出记忆中的各种特色。

中国诗讲究"言外之意"，中国绘画也有"象外之意"这一说法，这种表现手法外显于可见之处，讲究把可见之景赋予更多深层意蕴，这得力于作者的个人修养。为了使这幅画视野开阔，作者采用了俯视诸景的鸟瞰式构图方式。图左右之间的部分给人以空旷的感觉，虽说图中有不少的人与树来填充画面，却依旧显得画面空旷。从中可看出，此时的绘画构思已开始对画面景物与人物的比例负责了，对比例的拿捏妥当适宜，将人物与景物的空间处理放在心上，是为山水画的一大进步。这也说明这幅画已脱离了山水只作为人物画背景的尴尬处境，独立成幅，反映了早期独立山水画的面貌，这或许只是展子虔的无心之举，却成就了一代画风。

《游春图》在艺术技巧和作法上具有早期青绿山水画的特点："山峦树石皆空勾无皴，惟以色渲染"，"其山水重着青绿，山脚则用泥金，山上小林木，以赭石写干，以水沈靛横点叶；大树则多勾勒，松不细写，松针直以苔绿沈点，松身界两笔，直以赭石填染，而不作松鳞。人物直用粉点成后，加重色于上分衣褶。船屋亦然。"这段话成为后来研究此幅画作技法上的重要理论依据，整幅作品以青绿为基调，又在关键处大胆运用鲜艳醒目的暖色，勾勒出桥梁鞍马、舟船等。画水一丝不苟，柔美灵动，畅神之情，留心于物。"这画卷的重要，实在是对于中国山水画史的桥梁意义，恰像是近年发现的硬质青釉器在青瓷史上的位置，没有它，历史即少了一个重要环节，今古接连不上。有了它，由辽阳汉坟壁画山石，通沟高句丽魏晋时壁画山石，《女史箴图》山石，及传同一作者手笔的《洛神赋图》山水，北朝几件石棺山石，以及南朝孝子棺上刻的山水木石及敦煌北魏前期或更早些壁画山石，麦积山壁画山石，才能和世传唐代大小李将军、王维及后来荆浩、关仝山水画遗迹相衔接。"这段话是沈从文先生在他的《读展子虔〈游春图〉》一文中，对此画的意义做的一番文字表述。展子虔《游春图》的艺术表现特色，证实了唐僧彦悰"触物为情，备皆妙绝""远近山川，咫尺千里"和唐张彦远"动笔形似，画外有情"的评论。《游春图》具有开青绿山水画形式之功的重要意义，为青绿山水画的发展提供了最先可能。

展子虔山水画的重要意义一直被人们称颂研究，在探究他山水画成就的同时，也绝对不能忽视他作为高产人物画画家的存在，他的人物画造诣早已被人们肯定。据画史记载，展子虔在长安、洛阳等地都画过壁画，而壁画的内容主要是道释人物，对于百姓日常生活的描绘也时有出现，对人物车马的把握，绝不在山水之下，遗憾的是如今是看不见展子虔的人物画作品了。直到宋代，他作的《鬼拔河图》依旧保存在今山西永济的古庙中。其手法与视觉效果受到不少诗人的称赞和歌咏。

《授经图》是展子虔的人物画作代表，该画为册页，绢本设色，纵30.1厘米，横33.7厘米，现藏于中国台北故宫博物院，是一幅非常出色的人物画作品。唐朝张彦远说展子虔的《授经图》"细密精致而臻丽"。确实，展子虔的这幅《授经图》，很容易便能看出他刻画人物的手法是如此高超。先看人物动作的安排，画中那四个人，在古朴苍劲的背景下畅谈经书，后边那个读经的僧人，微微弓着后背，将他的专注与另一个把玩砚台和毛笔的小僧人作了对比。中间这一坐一立的两位，完全沉浸在经书的海洋中，两人像是在交谈着各自的看法，画面人物动态十足。这样平衡安排坐与站的构图思维，使得画面充实而不显拥挤。再看四人的神情，从左到右是这样安排的，心不在焉的小僧人与他的动作极为吻合，两个高谈阔论的学者神情中带有盼望和期待，最后那一位专一的神情，将全身心融入读经中的忘我境界表露得淋漓尽致。这站立的学者，被安排为视觉中心，有着领导全图的意味，也将授经的"授"字独具匠心地表现了出来。那个小僧人是此画的活跃因子，在这祥和认真的氛围中与他人形成了对比。展子虔根据人物性格、年龄和身份的不同，在同一场景刻画出不同的人物个性特征。在这幅画中，"神采如生，意度具足"的境界被展子虔挥洒自如。

授经图

　　在画法上，人物衣褶采用了"高古游丝描"手法，线条流畅而婉转圆滑，与这潺潺流水般祥和的场景融会，这种绘画方法尽显人物飘逸潇洒的学者风范和出尘脱俗的清高品质。展子虔依旧沿用传统的"春蚕吐丝"的匀和线条来勾画人物轮廓线，流畅自然。此画同时还吸取了佛教美术的一些技法，在勾好的轮廓未干时，随即用颜色将轮廓线条晕开，显出阴阳向背，增加立体感。

　　展子虔的画作虽然存世稀少，但这极少的佳品却给中国绘画史带来了甘甜雨露。现在市场上对青绿山水的作品极其珍视，比金碧山水的价格要更高，青绿山水是比较独特的山水画派，由于材料昂贵，绘画难度大，历来深受收藏家的青睐和追捧，价格一般比其他作品要高得多。2005年广东保利拍卖会上，明代董其昌的《青绿山水》受到藏家的追逐，最终以1375万元拍出。由此可见，能称得上青绿山水师祖的展子虔，他的开山之作的价值是不可估计的。由于展子虔传世作品仅在博物馆中收藏，所以只能在那里一睹它的芳容了。

阎立本（601—673）
丹青神化、冠绝古今

　　以人物画著称的他，不仅在绘画事业上登峰造极，在仕途上也是一帆风顺，凭借《步辇图》和《历代帝王像》，家喻户晓的阎立本将人物画的成就引向盛唐。"丹青神化、冠绝古今"的称赞对于他来说绝对不是虚名，阎立本以他对绘画的热爱与痴迷，证明了艺术顶端的光环并不炽热。

　　唐代著名画家阎立本，今陕西西安临潼县人。从古至今，人们知道阎立本这个人还是通过他的绘画。阎立本擅长画人物车马、亭台楼阁等，享誉"丹青神化、冠绝古今"的他是个幸运的画家，一生顺利平坦，家世显赫，没有坎坷波折的悲惨命运，又极富绘画天分，能够有精力和心境投入绘画事业中。在幸运光环笼罩下的阎立本将他对人物画的毕生成就带向了盛唐，也一改六朝的人物形象特征，对唐之后的绘画产生了极其深刻的影响。

　　宋代《宣和画谱》对他的作品有所著录：《三清像》《元始像》《十二真君像》《职贡图》《观音感应像》《宣圣像》《魏徵进谏图》等42件。还有其他公私收藏四五十件之多，可见阎立本是位多产画家。

　　阎立本的不少创作题材都与初唐的政治事件有关，《职贡图》《西域图》

等都是通过对边远民族人物形象的描绘来反映大唐与各民族友好相处的状态，歌颂大唐的政治强大和社会的和美安康。其作品《魏徵进谏图》就是表现唐太宗时的名臣魏徵敢于直谏，从而歌颂唐太宗善于听取臣下意见的美德。阎立本还曾奉命为唐太宗画肖像，并绘制《秦府十八学士图》《凌烟阁二十四功臣图》，只可惜这些极富历史价值的作品并没能够流传下来。其传世作品有《步辇图》《历代帝王像》《萧翼赚兰亭图》等，这些作品在中国绘画史上具有极其重要的地位。

阎立本一生仕途顺利，这和他显赫的家族背景是分不开的。阎氏家族自汉代祖先阎章于汉明帝时任尚书开始至唐初五百余年，家族均官居显赫。他的母亲是周武帝的女儿清都公主，他老爸阎毗对篆书、草隶及绘画的造诣在当时也是很深的，并且官至少监，赠殿内监。

初唐艺苑，以阎立德、阎立本兄弟声誉最高，兄弟二人因为绘事造诣高超，深受唐太宗宠爱，阎立本曾继他哥哥阎立德为工部尚书，在668年做了宰相，因此阎立本还有丞相画家之称。哥哥阎立德擅长建筑、工艺美术和绘画。唐十八陵中规模最大的太宗昭陵就是阎立本的哥哥所设计的，在李世民时期担任将作大匠及工部尚书等职。如此家庭教育出来的孩子必然是杰出中的杰出、优秀中的优秀。

阎立本之所以让大家铭记于心，其实都是因为他的画。他在唐太宗时期做过工部尚书和宰相，能做到宰相之位，光凭笔上功夫肯定是不够的，阎立本的那些绘画之外的能力和才华似乎总是被人遗忘。由于阎立本没能像其他将军一样立有战功，又因为极具才能，当时的官员出于嫉妒，便编了几句话来嘲讽阎立本，"左相宣威沙漠，右相驰誉丹青，三馆学生放散，五台今史明经"，大概意思就是说画画的人不配做宰相，由此可见当时对画家的地位和价值是极其否定的。

阎立本曾经对他儿子说过这样一句话："吾少好读书属词，今独以丹青见知，躬厮役之务，辱莫大焉！尔宜深戒，勿习此艺。"以此来劝诫儿子不要学画画，很奇怪热爱绘画的阎立本怎么会这样教导儿子。话说某日，唐太宗和一

秦府十八学士图（局部）

群侍臣学士在春苑池泛舟游乐，忽然看见池里面有一只没见过的鸟儿在那里玩耍，唐太宗高兴得不得了，赶紧让他的臣子们作诗来赞美这鸟儿，还命人把阎立本叫来，给这鸟儿写生。此时的阎立本官居主爵侍郎，一听皇上宣召，麻溜儿地跑了过去。阎立本被宣召过来就是为了给这鸟儿画肖像的，这个理由有些让阎立本在其他侍臣面前羞惭得抬不起头，心里虽烦躁，却只能跪在池边仔细画。画完后回到家里怎么想都不对劲儿，非常愤恨，就叫来儿子，劝导他不要画画。虽然阎立本让自己的儿子不要学画画，可还是阻挡不了自己对绘画的热爱，这就是"情不知所起，一往情深"的"固执"。

阎立本对绘画的痴迷使得他的艺术造诣登峰造极。南朝梁武帝时期的张僧繇和阎立本一样擅长画人物画，阎立本在荆州时，听说张僧繇的壁画画得很好，便前去观看，刚见壁画的阎立本并不觉得画得有什么高明，摇着头走了，还说这个张僧繇是徒有虚名。到了第二天，阎立本又来了，这一次他仔细观察壁画，发觉画得确实不错，可以称得上是绘画的好手，但还是没有服气。第三天阎立本又来了，这次他决定聚精会神，全心领悟，阎立本发现张僧繇绘画的精妙之处值得研究，于是在画前坐下来，细细观察，连续在这里留宿十天还不忍离去，觉得这才是"名下定无虚士"。这都赶上"三顾茅庐"的情真意切了，好画如好茶，细品其味，静观其色，那些视觉冲击力很强的作品可以让人铭记，但真正带给人心灵的感悟或许并不是那么丰富。

阎立本与张僧繇最大的区别在于阎立本擅长写实画，而张僧繇是写意风格。正是张僧繇高超的绘画水平，才让阎立本决心师法于他。通过这次精心观察，阎立本对张僧繇的绘画技艺有了充分领悟，并融会到自己的绘画风格中去。

这两则故事都能够看出阎立本对绘画的痴迷和专注。

《步辇图》和《历代帝王像》是阎立本的代表作。《步辇图》为绢本设色，纵38.5厘米，横129.6厘米，现藏于北京故宫博物院。这是一幅反映我国唐代时期汉藏两个民族友好相处的重要历史画卷，历史意义和艺术价值极高。

李嗣真对这件作品的评价可谓是恰如其分："至若万国来庭，奉涂山之玉帛；百蛮朝贡，接应门之位序。折旋矩度，端簪奉笏之仪；魁诡谲怪，鼻饮

步辇图

头飞之俗；尽该毫未，倍得人情。"

　　《步辇图》是以历史故事为题材，反映的是汉藏两族的和平友好。故事发生在唐贞观十五年（公元641年），吐蕃王松赞干布派他们的宰相禄东赞来长安提亲。由于当时大唐富强繁荣又国泰民安，周围各族都是处于友好往来的状态，所以这前来提亲的兄弟民族竟有五个，太宗很是为难，就想出一个让他们公平竞争的办法，让他们参加考试，以胜负来决定公主跟谁走。结果，禄东赞一路过关斩将，赢得比赛，他的机智深受唐太宗欢喜，使臣都这么杰出，吐蕃王就更不用说了，太宗便将文成公主嫁给了松赞干布。松赞干布觉得娶了文成公主肯定是修了八辈子的福，于是为她在拉萨建了城郭和宫室作为纪念，这就是现在的布达拉宫。

　　这幅画描绘的就是禄东赞拜见唐太宗时的场景。画面的右边，六位宫女抬着的步辇，上端坐着身穿常服的唐太宗，还有三位宫女在一旁侍候着，虽然唐太宗不在画面中心，但是阎立本利用巧妙的构图将视觉重点放在唐太宗身上，以此来达到突出唐太宗的重要地位和尊贵身份的目的。画的另一侧是一个身穿红色礼袍的礼官、一位着白衣的官员和禄东赞。阎立本对人物面貌表情的处理很是微妙，唐太宗当时已经坐拥天下十余载，画面中的唐太宗表情威严肃穆，面目俊朗，目光犀利深邃，那种君王气魄，超乎常人的淡定与沉稳被描绘得淋漓尽致；再看身穿藏族服饰的禄东赞，神色谦和恭敬，把对唐太宗、对长安的敬畏表现得一览无余；画中的那几位年轻的宫女虽然娇小而稚嫩，却具有端庄的仪态又不失少女的天真活泼。整个画面的气氛祥和融洽。阎立本用他熟练高超的造型能力，根据不同身份人物该有的不同外貌和神态，赋予人物以生动鲜明的形象，色彩摈弃六朝时期的淡着色，用富丽的色彩凸显初唐时的繁荣，线条苍劲有力。

阎立本的画体现出唐代人物画的发展趋势，他是初唐第一个继承传统又有创新的人物画家，也可以将他看作是六朝和盛唐之间的过渡人物。在他之后，才出现了吴道子的"披离点画"和"势若风旋"，出现了周昉的"丰肌秀骨""采色柔丽"，唐代人物画的辉煌成就，全因阎立本的开创之功。

阎立本的画法也受到几位名家的影响。一是六朝四大家之一的顾恺之，顾恺之的画作笔迹周密，紧劲连绵，这种如春蚕吐丝、春云浮空的特点让阎立本加以吸收融合后，使自己的笔法变得更为圆润遒劲，笔触也比顾恺之更为细致。还有北周末隋初的著名画家郑法士，他擅长画人物画，偏重于塑造风度翩翩、仪表端庄的人物形象，"冠缨佩带，无不有法而著称"，这对阎立本在塑造人物形象上有较大启迪。阎立本在表现不同对象的质感时线条也呈现多样化的变化，出现近似兰叶描的画法。

《历代帝王像》为绢本设色，纵51.3厘米，横531厘米。此画创作意图是为了告诉统治者和他们的子孙后代，明君是如何受人尊敬和崇拜的，昏君是如何被人唾弃的。阎立本从拥护统一、赞美政权稳固的立场出发描绘这些帝王。对这幅画真伪的争议也是很大的，有人认为是宋人摹本，也有人认为原作者是与阎立本同时代的画家朗余令，更有人认为此图前半部分为宋人摹本，后半部分为原作。当年元世祖从南宋临安内府中得到这幅画，入藏秘书监，在20世纪30年代时为华北伪政权头目梁鸿志所有，后来他居然转卖给了日本人，现在这幅画藏于美国波士顿艺术博物馆。

画中描绘的13个帝王分别是：西汉昭帝刘弗陵、东汉光武帝刘秀、魏文帝

历代帝王像（局部）

曹丕、蜀主刘备、吴主孙权、晋武帝司马炎、陈文帝、陈宣帝陈顼、陈废帝陈伯宗、陈后主陈叔宝、北周武帝宇文邕、隋文帝杨坚、隋炀帝杨广。加上他们的侍从，共46人。阎立本在处理人物关系上，将主体人物画得高大，随从处理得比较矮小，以此来衬托人物的身份地位，这种以小衬大的手法是中国古代人物画中惯用的。阎立本着眼于各帝王不同的形貌、性格和作风，还根据各个帝王不同的政治风貌来丰富他们的神情，性格生动鲜明，符合他们的身份。阎立本在安排服饰器物和坐立动作时，针对各帝王的政治行为和性格爱好，从这些细节上来突显他细微的刻画功力和对神情的精准把握：陈后主陈叔宝平庸暴虐终成亡国之君的鄙俗相貌，刘秀、司马炎等开国之君富于宏图大略的气度，还有拥有俊美姿容和才识的陈文帝陈顼那种仪态安闲的六朝名士之风。

每一个帝王在历史发展过程中的出现都具有偶然性，但就是因为这个原因，导致他们的个人行为对历史的发展具有巨大影响，至高无上的权力能够影响或者改变社会发展进程，不论是统一还是分裂。阎立本通过《历代帝王像》反映的不只是各帝王的政治行为，从中也能够看出相应时期的社会现状。通过对人物的创作刻画反映现实问题，是人物肖像画表达的极致和最高水平。

从画中的人物肖像可以看出，虽不及盛唐时期人物形象丰满，但渐趋丰满的人物造型慢慢取代了六朝时期的瘦小娇弱形象，阎立本这源于高古游丝描的铁线描画法脱离六朝时期的柔弱美，逐渐走向以刚性和丰满为代表的人物特征。13位帝王有站有立，整幅画面没有任何情节联系，阎立本用健劲且平整顿挫的线条描绘出衣纹和发饰，设色沉着而不显呆滞，用适度的晕染来充实画面。《历代帝王像》充分显示出阎立本人物画创作的杰出才能。

说阎立本幸运是因为他不用为了生计而奔波，有更多的精力放在绘画创作上，但他也因为这个原因，让人总是忽视他其他的才能。绘画对于他来说就像是中了毒一般，解药便是手持画笔恣意挥洒的那段时光。坚持和执拗差得太远了，阎立本的坚持不是固执地去等待一件没有结果的事，那该有多愚蠢。还好阎立本的付出是有回报的。

吴道子（680—759）
仙风道骨在人间

　　宋代苏东坡说："诗至杜子美，文至韩退之（愈），书至颜鲁公（真卿），画至吴道子，而古今之变，天下之事毕矣。"他的"吴家样""莼菜条"为人所熟知，是画家们极重视的绘画手法和风格，他是唐代水墨山水画的先导，是一位"臣无粉本"凭借造型能力取胜的画家。这样一位有热情、有天赋的艺术家一直深植于人们心中，他就是有"画圣"之称的吴道子。

　　唐代最负盛名的大画家吴道子又名道玄，河南阳翟（今禹县）人。活跃于开元、天宝年间。画史尊称吴生，后世对吴道子的评价极高，誉为"画圣"。《历代名画记》中记录的画作有《明皇受箓图》，《宣和画谱》中记载有《十指钟馗图》《孔雀明王像》《托塔天王图》《大护法神像》等93件作品，传世作品有《送子天王图》，又名《释迦降生图》卷，吴道子还画过一些与唐朝政治有关的题材，如《五圣图》《朱云折槛图》等。遗憾的是吴道子的壁画作品早已泯灭不存，卷轴画真迹也看不到了，我们现在只能从一些石刻和摹本来了解。

　　吴道子身处繁荣昌盛的唐代，用他满是激情的绘画天分，造就了一个又一个令人赞叹的艺术成果，无论是把他的热度放在绘画创作上还是人生历程上，都能成就一颗璀璨的星辰。

吴道子自幼父母双亡，日子过得孤苦穷困，但他从小非常喜爱绘画，受过专业画工的指点，他的用功再加上他天赋才华，使他在绘画造诣上突飞猛进。当时，多所佛寺和道观的墙壁上都留有他的画作，壁画的成就让他在当时颇有名气，他的声望甚至还蔓延到了两京之外。

他在画坛上的盛名传到了唐玄宗的耳朵里，这位酷爱艺术的皇帝很是赏识吴道子，也正是在唐玄宗统治的这一时期，吴道子的绘画事业最为辉煌。唐玄宗把吴道子召入宫中，让他做个内教博士，专门教别人画画。之后给的一些官职都是虚设，只是为了让他安心画画而已。虽然吴道子可以有充足的时间来进行绘画创作，但是皇帝却控制他的画，防止外传，好东西多了就不好了，因此，吴道子只能有皇上的诏书才能作画，自由全无。在此期间，吴道子还从事皇宫中的道观壁画创作，还有奉诏绘制一些带有历史和政治性意味的画像。

吴道子年轻时曾任韦嗣立属下小吏和山东瑕丘县尉，后辞职流落于东都洛阳。吴道子绝对是一位才华横溢、感情充沛的艺术家，他能够将自己的满腔热血倾注在自己的作品当中，赋予作品别样的生命。

我们所熟知的吴道子，是因为他的人物画作品，而让他有如此地位的原因也是靠他人物画的卓越成就。他的山水画作品很少，但不能否认，他的山水画中仍有值得汲取的精华。吴道子在山水画方面也是一个创派者，"因写蜀道山水，始创山水之体，自成一家"。他创造了笔简意远的山水"疏体"，使得山水成为独立的画科，从而结束了山水只作为人物画背景的附庸地位。

吴道子的山水画，用"恣意纵横"来形容一点儿也不夸张，吴道子画山"纵以怪石崩滩，若可扪酌"。他的山水画极少设色，主要表现为线条美。纵观他的后世作品和文献记载，吴道子的造型能力是没有几个人可以比拟的。《唐朝名画录》中记载有一句吴道子答玄宗的话："臣无粉本，并记在心。""粉本"是古人对画稿的称呼，有两种解释：一是指在墨稿上用针刺孔，落粉于上，然后依痕落墨；二是直接指为画稿。关于"臣无粉本"还有一个故事：这天，唐玄宗忽然想起蜀中嘉陵江那个地方山美水美的好风光，想得不行，于是叫来吴道子，命他去嘉陵江写生。吴道子到了嘉陵江，坐在小船上漫游，看到这地方确实是美，山清水秀，如此好山好水怎能让人忘记，吴道子游过一路，将景色牢牢记在心中。回到长安后，面见玄宗，玄宗问他："怎么样，有没有信心啊？"吴道子说了句："臣无粉本，并记在心。"玄宗命他在大同殿壁上绘画，就在这没有草稿的情况下，吴道子将嘉陵江的美景绘于墙壁上，但他并不是机械地将嘉陵江山水景色罗列一番，而是根据自己的理解结合嘉陵江的实山实水，高度概括景色的韵味，吴道子凝神挥笔一日而成，嘉陵江三百里的旖旎风光跃然壁上，玄宗看了称赞不已。其实在此之前，李思训也曾在大同殿壁上画嘉陵江山水，虽然画得也十分奇妙，但却用了好几个月的时间。他们各具韵味，不能说谁的更好，但如果在山水韵味和精华的把握上，那吴道子就更胜一筹。玄宗感叹地说："李思训数月之功，吴道玄一日之迹，皆极其妙也。""臣无粉本"就是说吴道子作画时不需要草稿，由此可以看出吴道子造型和默写能力的高超水平，他被称为"画圣"绝不是徒有虚名。

《历代名画记》卷二中对吴道子的用笔有专门介绍："众皆密于盼际，我则离披其电画；众皆谨于象似，我则脱落其凡俗……笔才一二，像已应焉，离披点画，时见缺落，此虽笔不周而意周也。"吴道子早年学习书法，师法张旭和贺知章，因此他对线描的理解与研究是结合着草书和狂草的，虽然之后的他在书法上造诣不深，但是要知道，书画用笔可以说是同宗，这一学书经历使他的线条极具意蕴。

吴道子所创造的中国宗教图像样式被称为"吴家样"，这是他在继承传统绘画的基础上，融合异域绘画风格与精华的结果。吴道子是个高产画家，他的作品以宗教题材为主，据文献记载，他在长安、洛阳等地画的寺观壁画有三百余间，皇家收藏的作品90余幅。

吴道子生活的时代是中国封建社会国势最强盛、经济最繁荣的时期，而在唐代，佛教的盛行不仅给百姓生活带来了别样的文化氛围，对艺术创作也是极具影响，当时长安街几乎每条街都有寺庙，题材明确地偏向道教、佛教，这使得当时的艺术家对于佛家人物的专注更为明显。吴道子就是其中一位，他的绘画题材主要以佛、道题材为主，人物涉及佛、天王、菩萨等。对于吴道子作品

送子天王图（局部）

的文字记载，还是可见一斑的。宋代邵博曾在《闻见后录》中记述了吴道子约50岁时画的凤翔府开元寺壁画："自佛始生修行说法至灭度，山林宫室人物禽兽，数千万种，极古今之妙！如佛灭度，比丘众擗踊哭泣，皆若不自胜者。虽飞鸟走兽之属，也作号顿之状。独菩萨淡然在旁如平时，略无哀戚之容。"

　　《送子天王图》是吴道子的代表作。我们现在看到的是宋人李公麟的临摹本，现藏于日本大阪市立美术馆，《送子天王图》又名《释迦降生像》，纸本长卷。《送子天王图》描绘了净饭王与摩耶夫人抱着降生为悉达王子的佛祖释迦牟尼，去朝拜大自在天神庙时，诸神向释迦牟尼礼拜的故事。

　　这幅画作的技法有几个特点：一是构图。人物按组安排，疏密、松紧、大小相互交叉映衬，画面极具节奏感。二是画中的对比非常明显，以此来烘托主题，自然生动。这两点很轻易就能在画中发现，净饭王的庄重、自豪与大自在天神惊惶失措的叩拜、摩耶夫人的慈祥与侍女的恭敬小心，天上与人间都是那么的生动贴切，各具神韵。三是吴道子运用的线条给这幅画增添了许多动感，吴道子的线条变化极为丰富，轻重缓急、粗细变化就像是兰叶向背的自然转折。他画线的速度很快，或许与他易于激动的性情有关，一笔画过的墨迹犹如风中舒展的兰叶，因此人称他的线描为"莼菜条"，吴道子的人物画总有一种随风飘动、浮于云端的飘逸，这是因为运用这种线条手法描绘衣纹和衣饰，这就是"吴带当风"。元代汤垕在《画鉴》中评吴道子的笔法说："吴道子笔法超妙，为百代画圣。早年行笔差细，中年行笔磊落挥霍，如莼菜条。人物有八面，生意活动，方圆平正，高下曲直，折算停分，莫不如意。其敷彩于焦墨痕中，略施微染，自然超出缣素，世谓之吴装。"吴道子赋予他们各自不同的形象，使这些人物各有各的情态风韵。四是作品不着颜色，以"墨踪为主"，改变了传统重彩画法，为白描画、水墨画的出现与发展奠定了基础。

《地狱变相》这幅画，将今世作孽的达官贵人皆拉入地狱受审，这对于当时刑不上大夫的传统观念是一个巨大冲击。画中的人堕入地狱后受到种种酷刑，这并不是阎罗天子定的罪，在地狱中所受的一切都是自己一手造成的结果，要相信因果报应，吴道子以此画来警告那些罪孽深重的达官贵人们。

吴道子的宗教画不但影响了整个唐代，而且被后世奉为"格式"，在他之后千百年间的民间画工还以他的画稿为母本作画，他被画工们尊为"师祖"。

据《独异志》记载，在开元年间，将军裴旻在家守母丧，他去找吴道子为他的母亲在东都洛阳的天宫寺画几幅关于神鬼的壁画，以此为阴间的母亲求得神佛的保佑。道子答曰："废画已久。若将军有意，为吾缠结。舞剑一曲。庶因猛励，就通幽冥。"吴道子让裴旻为他舞剑一曲，或许这样会有灵感画画，裴旻听了后立马脱去丧服，换上平常衣裳，骑在马上奔跑如飞，"左旋右抽，掷剑入云……若电光下射"。这场面让围观的人都惊呆了，"道子于是援毫图壁，飒然风起，为天下之壮观"。就这样他们俩一个舞剑一个舞墨，这壮观的情景世上罕见，这让吴道子自己也觉得"平生所画，得意无出于此"。

《卢氏杂记》记载了这样一个故事，虽然带有神话色彩，但还是能够读出吴道子绘画的传神之妙：有一次，吴道子去访问某僧人，走累了想讨杯茶喝，但这个僧人对他似乎不太礼貌。这让吴道子很是气愤，随即请来笔砚，迅速在僧房墙壁上画了一头驴，然后拂袖而去。有天晚上，

吴道子壁画（局部）

吴道子画的驴竟变成了真驴，跳下墙来满屋乱踹，非常愤怒，把僧房的家具、茶具什么的都给践踏得乱七八糟、狼藉满地。僧人知道是吴道子所画的驴在作怪，迫于无奈只好去恳求他，请他把壁上的画涂抹掉。之后就平安无事了。

张彦远在《历代名画记》中对吴道子绘画的气韵与神似做了一番说明："自顾陆以降，画迹鲜存，难悉详之。唯观吴道玄之迹，可谓六法俱全，万象必尽，神人假手，穷极造化也。所以气韵雄壮，几不容于缣素；笔迹磊落，遂恣意于墙壁；其细画又甚稠密，此神异也。"

大诗人杜甫亲眼目睹了玄元皇帝庙中的《五圣图》，也产生了相似的感受，他在诗中写道："画手看前辈，吴生独擅场。森罗移地轴，妙绝动宫墙。五圣联龙衮，千官列雁行。冕旒俱秀发，旌旗尽飞扬。"五代荆浩在《笔法记》中说："吴道子笔胜于象，骨气自高，树不言图，亦恨无墨。"了解吴道子的绘画风格，只能从文献记载和后人摹本中探知一二，从吴道子对后世的影响来看，他是当之无愧的千年"画圣"。

关仝（约907—960）
青出于蓝而胜于蓝

"青出于蓝而胜于蓝"这句话是世人对他绘画成就的肯定，也是对他本人的肯定。关仝这位北方山水画派的领军人物，带领着众人披荆斩棘，开辟一条属于他们的道路，寻找一个属于他们的世界。关仝与李成、范宽被称为当时山水画坛"三家鼎峙，百代标程"的典范。关仝超越自己的路程是那样颠簸、坎坷，却那样美丽。他不愿停下，哪怕路边的风景再美，终点毕竟在前方。

五代至北宋的这段时期，中国山水画大为发展并至成熟，从南到北，画派纷呈、名家辈出，关仝就是北方山水画派中的一位领军人物。关仝，长安（今陕西西安）人，据载，关仝是著名画家荆浩的入室弟子，与其师齐名，并称"荆关"。郭若虚指出："画山水惟营丘李成、长安关仝、华原范宽，智妙入神，才高出类，三家鼎峙，百代标程。前古虽有传世可见者，如王维、李思训、荆浩之伦，岂能方驾？近代虽有专意力学者，如翟院深、刘永、纪真之辈，难继后尘……然藏画者方之三家，犹诸子之于正经矣。"李成、关仝、范宽被称为当时山水画坛"三家鼎峙，百代标程"的典范。关仝代表作有《关山行旅图》《山溪待渡图》《秋山寒林图》《秋山平远图》等。

关仝开始跟着荆浩学画，他"刻意力学，寝食都废，意欲逾浩"，之后经过多年努力，终于"有出蓝之美。驰名当代，无敢分庭"，到"晚年笔力过浩甚远"，将荆浩开创的全景山水及钩、皴、擦、染、点的山水画技法推向成熟，他创作的山水画在立意和造境上超出荆浩，并能够将自己的画风深植到观者心中，关仝用他的野心打破了这一层窗纸，见到另一个阳光明媚的世界，是一种升华，也是自己泪水落地有声的回应。

《山溪待渡图》立轴，水墨设色，绢本，高156.6厘米，宽99.6厘米，现藏于台北故宫博物院。关仝的画风在这幅画中展现得淋漓尽致。长期以来水墨画在中国绘画史上占有举足轻重的地位，它有单纯性、象征性和自然性这三个基本要素。水墨画始于唐代，成于五代，盛于宋元。关仝在其中功不可没。关仝的画风总体来说就是朴素，笔法简洁却极富力度，形象鲜明突出，富有生活气息，"盖仝之所画，脱略毫楮，笔愈简而气愈壮，景愈少而意愈长"。"山不在高，有仙则名；水不在深，有龙则灵"，这句话用在这里再合适不过了，关仝何德何能可以绘出这样的佳作，问谁？只因他自己的用心，用心这二字说得简单，做起来却是极其不易的，我们吃饭不是吃饭，看书不是看书，非得在吃饭的时候看电视，非得在看书的时候听歌，关仝以及那些个画家们不一样，他们在做什么就是做什么，从没有一心二意这一说。如此，便不奇怪，他们的成就从何而来。

关仝的画很特殊，他所描绘的主体一般会占据画面的三分之一。《山溪待渡图》是一幅夏景山水画，此画便是将主峰放置在画幅中央部位，傲然屹立。画中两峰环抱，两峰之间一瀑布飞泻而下，汇入山下的深渊中。画面左侧山脚有大石，山下烟林掩映、水波荡漾，林木间深藏的屋舍正反映了山水间人情味的温暖。再往下，彼岸旁有一小舟，那赶驴的人似在呼唤渡船。他的画风仿佛是脱离尘俗的仙境，清逸带着厚重，让人都不忍心把视线挪开。"根深则枝叶不枯，有源则水流不干"。师承，他有荆浩这位名家；阅历，他愿意深入自然感悟山水之道。有了这些绘画应有的准备，还用担心创作不出好的作品吗？这世上哪有什么天才，无非是拥有超乎常人的理解力和辨别能力，再加上别人不能及的努力。在羡慕妒忌别人为何能成功的时候，

山溪待渡图

何不低下头看看自己，反省一
下，改变一次。

宋人谓关仝山水"坐突危
峰，下瞰穷谷，卓尔峭拔者，
仝能一笔而成。其竦擢之状，
突如涌出"。整幅画重点描绘
对象是山与溪，那涌出的山泉
与山下的小溪形成呼应，它
们给这幅画添了一丝动感、活
泼，使得这山不至于那么遥不
可及。身处如此宁静的山中，
一不小心就被这孤寂牵连，脆
弱的灵魂该如何面对这压人的
气场，山水给人的感受是创作
主体自己的心境，其实与山水
无关。豁达爽朗，山水便大
气；忧伤避世，山水便萧瑟。

郭若虚在《图画见闻志》
中对关仝的绘画风格是这样总
结的："实体坚凝，山峰峭
拔，杂木丰茂，台阁古雅，人
物悠闲者，关氏之风也。"所
画树木有枝无干，枯劲萧疏，
独具特色，他笔下的山头都是
带着浓重的墨色，时称"关家
山水"。这种画风对北宋画家
范宽等人有较大的影响。"继

秋山晚翠图

往开来"这一词用在绘画中是很耐人寻味的，关仝继承了荆浩的所学，并将其发挥到了极致。

同样作为立轴的佳作《秋山晚翠图》带给人的感觉与《山溪待渡图》截然不同。此画为绢本设色，纵140.5厘米，横57.3厘米，现藏中国台北故宫博物院。画上钤有明纪察司半印及"秘园""乾隆御览之宝"等收藏印章，在《石渠宝笈初编》中有著录。

画面描绘的是北方初秋傍晚的景色，关仝对于不同时间和季节特色的把握很到位。重峦叠嶂的山峰几乎填满了整幅画面，主峰被安排在画中央，向那依势而下的山涧望去，周围环绕的寒林秋树有郁郁葱葱的、有枝干突兀的。山头着色依旧是那样浓重，画面颜色层次分明，近山清晰明亮，远山略显沉郁，山顶有缥缈烟云围绕，萧疏清远之气油然而生。构图上采用的仍是接天连地的全景式构图。关仝的石木画法师出毕宏，画面近景描绘细致，扎根于石壁的一棵葱郁大树，是那样苍劲浓郁，树的主干有力地扭曲着。画面右边有一巨大的山石横于画中，山石先以重线勾勒，后又皴擦晕染，这一绘画手法突出了山石的坚凝厚重。画中虽没有人出现，但画面右上部分的一座庙塔，正暗示着此山有人，这更增添了画面的深远意境。此画上无款，仅边幅上有明代王铎题语"关仝真笔"，并赞誉此画"结撰深峭，骨苍力垕"，"磅礴之气，行于笔墨外"。

山水之中，有游人之乐，山水画中，有画家之情。但是该如何控制，带给观者不管是正面影响还是负面影响，首先，这只是作者自己的世界，关仝的作品墨色厚重，这份厚重有他艰辛出师的决心，有他本性中稳重的踏实，但这都已经不重要了，这些画作以不同姿态存在于每个人的心中。尊天而亲地，是画家必须要有的态度，是对自然的态度，也是对自己执着追求艺术态度的交代。

《关山行旅图》为绢本浅设色，纵144.4厘米，横56.8厘米，现藏于台北故宫博物院。看《关山行旅图》的画面布局，关仝采用的是全景式布局方法。他的画大都采用"上留天之位，下留地之位，中间立意定景"的全

景式构图方式，可将之概括为
"以大观小"非焦点透视的"鸟
瞰法"。这种方法能使创作者游
刃有余地安排各个景物在画中的
地位，"鸟瞰"的透视方法能将
自己想展现的景物并不突兀和繁
琐地呈在纸上，峰峦、石坡、树
丛、溪水等以及画中的点景被巧
妙地安排在竖轴空间中。此画的
独特魅力尽体现在关仝那独到的
空间布局以及那山水之势和烟云
缭绕上，偶有点景点缀画面，一
切都显得那么随意。

　　图中一条从左向右斜下而
流的溪水，潺潺汇入山下的潭
中，这条流淌的溪水不仅让山峰
变得很温柔，也将视觉重点转移
到了山顶。这幅画的构图让观者
从下至上像是爬山一样有顺序地
欣赏。随着婉转的河流，直达顶
峰。右上侧的顶峰，设色浓重，
层层叠叠，气势夺人，烟云缭绕
在山腰间，其间有一古刹隐现，
给整幅画卷增添了些许禅意。画
中央一板桥将两岸连接，小桥左
岸一古道迂回，地势略为平缓，
道上行旅客商穿梭其间。山脚下

关山行旅图

的茅屋小店，有游客、有孩子、有农妇，又有鸡、犬、猪这些家畜穿插其间，让人体悟到山水之间还有这样祥和平淡、其乐融融的生活气息。山水的美不局限于纯真的自然美，当人文气息加进去的时候，画面的气氛就不是那么清远萧瑟了。

郭熙在《林泉高致》中对此画的溪水很是赞赏，画中的潺潺溪流就像那飘摇直上的烟云，归于青天。"山以水为脉，以草木为毛发，以烟云为神采，故山水得水而活，得烟云而秀媚，水以山为面，以亭榭为眉目，以鱼钓为精神，故水得山而媚，得亭榭而明快，得鱼钓而旷落，此山之布置是也。" 宋代李廌在《德隅斋画品》称赞关仝的画"笔墨略到，使能移人心目，使人必求其意趣，又足以见其能也"。关仝比荆浩更脱略笔墨形迹，他的画作更能体现出隐逸清远的山水画艺术精神，关仝的"出蓝"之处便在于此了。纵观这幅画卷，一股隐士之气扑面而来，关仝的那种隐逸求自在的思想在这幅画中可一一寻到。佛在我心，山水也在我心，关仝将自己的心境带入画作中，为的不只是再现山水，一幅山水画便能看见作者。

中国古代的山水画中，常常会在密集的山峦之间点缀一个小小的寺院，若隐若现，很不起眼，却也格外引人注意，这幅《关山行旅图》也是如此。在绵延起伏的深山隐隐约约看见一古刹，巧妙的点缀画家的精神世界和内心追求，正是画家心灵世界中的休养生息的"世外桃源"。人生在世，漂泊也好，傲立孤寒也罢，都是无法摆脱世俗生活的。画中的"桥"也好，"寺"也好，都是人生纷繁的彼岸通向缥缈美好彼岸的一条"幽径"，是人类肉体与精神同时超越与升华的地方。读这幅画，似乎能听到流水的声音。众山沉醉，万山倾倒，于迷蒙氤氲的烟水气中透露出一股朦胧的意境。

宋人认为他的画"石体坚凝，杂木丰茂，台阁古雅，人物悠闲"。有人喜欢就注定有人反对，米芾说关仝"画人物俗"，好吧，俗！一个字就把这画中人物存在的状态说了个明白。关仝是不善画人物，人有完全的么？这个估计关仝自己也很明白，他作品上所画的人物多是请当时的名家胡翼补写，这一点刘道醇的一番话可以证实，"其山中人物，惟求安定胡氏添画耳

（或曰胡翼）"。不管他身为画家还是平常人，喜欢他，不能停留在他的完美上，能够真心接受其缺点、不足，便能从根本上看清这个人。关仝的可爱之处便是他能正视自己的缺点，不为这些烦心。这得有怎样的心境和感悟，才能承认自己在最爱的绘画上有缺点。

北宋时的刘永遍求诸家山水采其所长，见到荆浩的作品时，"乃知诸家有所未尽"，后来看到关仝的作品后，感叹不已，"捐弃余学，专法关氏"。从中我们可以看出，说关仝"青出于蓝而胜于蓝"并不是虚夸的溢美之词。生命是有限的，如何延续个人的生命，对于画家来说，只有那无尽的山水，那永不干涸的墨汁能说明一切。天地之间，将心放在自然中与之融为一体，成全自己好不容易来到世界上的艰辛和好不容易寻到的方法，寄情于绘画中。

顾闳中（约910—980）
一夜宴尽厌一生

《韩熙载夜宴图》是中国十大传世名画之一，也是顾闳中唯一的一幅传世作品。在颠沛流离的五代十国，能有如此优秀的作品传承，是极其不易的。顾闳中受命于李煜绘制了这幅带有"监视"意味的作品，而后，顾闳中隐居富春江。这位人物画高手，赢得了"孤幅压五代"的美誉，也为韩熙载晚年的贫困生活留了一个念想，更为后世提供了绝世佳作以供欣赏。

　　顾闳中，江南人士。在五代时期长期担任南唐翰林画院待诏，以画人物著称。《韩熙载夜宴图》是他唯一一件传世作品，而就是这一幅作品让他赢得了"孤幅压五代"的美誉，《宣和画谱》记载："顾闳中，江南人也，事伪主李煜为待诏。善画，独见于人物。"据记载，他的作品除了《韩熙载夜宴图》外，还有《明皇击梧图》《山阴图》，但这些作品早已失传。硝烟弥漫的五代十国让每个人都不能安定，对艺术家来说更是如此，这样颠沛流离的环境对艺术创作很是不利。

　　顾闳中的传世杰作《韩熙载夜宴图》为绢本设色，长335.5厘米，宽28.7厘米，现藏于北京故宫博物院。此画以连环长卷的方式描绘了南唐大臣韩熙载在家与宾客宴饮沉湎于声色的场景。《韩熙载夜宴图》从侧面反映了当时统治阶级的生活场面。画家用他细腻敏锐的观察力绘制此幅巨作，结合画中主人公的命运与处世风格展现耐人寻味的场景。全卷用笔遒劲有力，设色浓丽，人物形象绘制清俊，是现存五代时期人物画的杰出代表作品。

《韩熙载夜宴图》分为五个部分，第一部分为听乐。描写韩熙载和宾客一起静听教坊副司李嘉明之妹弹奏琵琶。空床帐幔高挂，榻前漆几上摆满了酒菜鲜果，由盘中的柿子可知是晚秋时节，韩熙载戴着高高的帽子，脸上的胡子一大把，端坐在榻沿边，手搭在膝上，入神地听着琵琶声；身着红袍的状元郎，一手撑在榻上，身体向前俯着，好似觉得自己离乐声太远了；太常博士陈雍、门人舒雅坐在案前；对面小案独坐着的就是教坊副使李嘉明，他正侧着身子看他的妹妹；在李嘉明左侧的是舞伎王屋山，在内侧客人中还有紫薇、朱铣等。全场都在关注李嘉明之妹弹拨琵琶。都说"画人难画手"，但在这幅《韩熙载夜宴图》中，可以看出顾闳中将手部描绘得变化多姿、各具形态，韩熙载作为主人，他的手画得随意、自然；弹者的手画得仿佛是在轻轻弹拨琵琶。

第二部分为观舞。描写韩熙载亲自为舞伎王屋山击鼓的场面，韩熙载这时已换了一件浅黄色的衣衫，只见他挽起袖子，手持鼓槌儿，错落有致的鼓声阵阵响起。此时已进入了夜宴的第一个高潮。看画中一有趣的场景，韩熙载的好友僧德明躲在一人的后面，脸上露出尴尬的情态，以此来表现作为僧侣的他出现在这种场合是多么的让人诧异，顾闳中将其安排在一人之后，更能突出人物的心态。

第三部分为休息场面。韩熙载一边净手一边与歌伎谈话调笑，此段描写宴间休息的场面。暂停歌舞，宾客们都稍作休息，一会儿还有更精彩的环节。韩熙载退入内室，坐在榻上与侍女、歌伎们畅谈，旁边有一侍女捧着铜盆，让他洗手。另有两侍女正在拿着乐器做准备工作，最容易被人忽视的一个细节就是空榻前放了一个蜡台，这点着的蜡烛正符合"夜宴"这一主题。

第四部分为清吹。韩熙载盘腿坐在椅子上，漫不经心地听众伎吹奏，他身着便服，手里拿着扇子漫不经心地摇着，身上只穿着一件没有系好的内衫，祖胸露乳地倾听众女伎吹奏。侍女手中的纱扇，上绘木石小景，这一细节描绘充

韩熙载夜宴图

分显示出顾闳中的细微观察和缜密心思。

第五部分为夜宴结束。夜深了，宴席不得不散场，韩熙载手中还拿着鼓槌儿，似意犹未尽，不想众人离去，却悲伤地摇着手与宾客、众歌伎道别，这曲终人散的落寞，就像是不得不接受南唐终究灭亡的现实。

在这幅长卷中，顾闳中共描绘了46个人物，这些人被屏风、床榻、桌椅、几案分割为五个场景，而这些用来分割画面的道具也起到了联系整个夜宴过程的作用。画中还出现了众多的杯盘、乐器、食物分布在各个地方，活跃了画面气氛。在人物中穿插这么多的细节，却不显啰唆、琐碎，布置恰当，疏密得体的安排给此画增添了许多看点。顾闳中从容不迫地将众多的"零件"组合在一起，仿佛只要音乐一响，便有条不紊地群舞起来。

不要看画中有那么多人，但顾闳中着力刻画的就是夜宴主人公韩熙载，在这幅画中，我们可以看到中国绘画中常见的一种表现手法，为了突出韩熙载的重要地位，顾闳中将韩熙载画得略大，宾客画得略小，而仆人和女伎画得就更小了，以周围的小来衬托主体，也是中国画特有的艺术处理和审美意识。

画中的韩熙载是个不得不说的人物。韩熙载（902年—970年），字叔言，山东潍坊人，唐朝末年登进士第。父亲韩光嗣，唐末平乱，曾被推为统帅，后被唐明宗诛杀，韩熙载不得已逃往江南，投奔了南唐。由于韩熙载博学多才，音乐舞蹈、诗文书画无所不能，而且又极具政治才能，所以深受南唐君主的厚爱，并委以高官。但后来南唐政府腐败，又逢南唐中主李璟、后主李煜父子缺乏政治才能，致使南唐统治危在旦夕。尤其是李煜继位后，面对后周日益紧逼的现状仍然坐视不理，不思振国图强，终日只知赋诗作画，沉湎于酒色，李煜逐渐开始猜忌那些来自北方又居高位的大臣，有的大臣甚至还遭到诛杀，以至于宫廷内部斗争激化，党争日甚。后主没有办法，想任命韩熙载为宰相，但是对他这个北方人又不放心。此时的韩熙载对朝廷也是没了信心，又加之李煜的猜忌，于是他每天以声乐自娱来消磨时光，对于权力地位表现得毫不关心，这么做只是为了不引起李煜的猜忌，可就算是这样，李煜还是不放心，可见当时政局与周边情况是有多么不安，李煜命顾闳中和周文矩夜入韩家观察动静，让

韩熙载夜宴图 (局部)

他们把看到的情景画下来。于是，顾闳中与周文矩两位"间谍"来到韩熙载家里，坐在角落里看着他们歌舞升平，哪里还有心思欣赏什么乐器演奏，只顾着观察他们的一举一动，他俩将韩家夜宴的整个过程和场景默记心中，回来后凭借高超的画技完成了《韩熙载夜宴图》这一稀世珍宝。李煜看完此画也安心许

韩熙载夜宴图 （局部）

多，韩熙载因为这幅画而躲过了一场劫难。所以说韩熙载还应该感谢这两位仁兄。后来，韩熙载在南唐官至中书侍郎、光政殿学士承旨。据记载，《韩熙载夜宴图》原有两幅，但周文矩所作一幅失传，顾闳中的作品有幸存世，唉！上天安排好的事谁能说得清楚呢？

　　李煜总是做一些让人无法理解的事儿，他居然把这幅画送给了韩熙载，韩熙载看见这幅画，当作没看见，心想：小样儿，还派人监视我，爱咋咋地！韩熙载的无视不算什么，可这真是可怜了顾闳中，这幅作品中画的都是韩熙载夜宴的座上宾，且都是韩熙载的党羽，又不巧的是，这些人都是高官显贵，这下顾闳中傻眼了，他这一行为可是"告密"，这一幅画不知得罪了多少人，就算韩熙载不介意，那些高官们想害死自己那可是易如反掌，顾闳中思来想去，决定隐居到富春江，从此再也不干涉朝政。

虽说这幅画的起先用意是为了"窥探军情"，但出自顾闳中这样的高人之手，使得这幅画兼具艺术价值与历史价值。在韩熙载心里肯定在想，这世上还有谁能将自己画得如此生动呢？后来，到了韩熙载晚年的时候，他穷困潦倒，像这样的夜宴再也办不起了，妻妾、歌伎全都离他而去，这样落寞的心情，恐怕也只有在翻阅此画卷的时候才能得到安慰，坐在桌前，回味当年王屋山那曼妙的六玄舞，怀恋那时香粉堆里的纸醉金迷和众人的放荡不羁，韩熙载老泪纵横地喃喃自语：我也曾年少轻狂过啊！

全卷中韩熙载共出现了五次，但顾闳中根据不同的场景来安排他的衣着、动作以及角度。韩熙载的外貌、性格和内心被表现得颇有深度。虽然五个韩熙载各有不同，但都能看出他内心与行为的矛盾，这么热闹的场面，韩熙载以及宾客们却是愁容满面。更值得称赞的是韩熙载的眼神，透露的竟是迟滞和沉默，以喧闹乐舞的美来衬托人们内心深处的隐衷，这已不是韩熙载个人的有武没地儿耍的不得志，更是隐喻着南唐终究要结束的无奈与悲痛。

《韩熙载夜宴图》的色彩使用对比强烈，运用了绯红、朱砂、石青、石绿等颜色来活跃画面，与这场景相搭配，虽然色彩艳丽，但放眼望去，画卷的墨色丰富且统一，层次变化缓和生动。用笔遒劲有力、潇洒自然，如果将人物与道具看作是一个一个的点，这些点所组合起来的面是那么自然、富有动感。人物服装的安排匠心独具，颇有韵味，渲染了画面气氛。顾闳中运用了铁线描与游丝描，使画面和人物更加流动自然，富有感染力。

顾闳中的这幅作品集中体现出了中国重彩技法的优秀传统和高超水平。《韩熙载夜宴图》这幅稀世珍宝是历代帝王所珍藏喜爱的对象。南唐被灭后，《韩熙载夜宴图》被当作战利品收入北宋的内府，在《宣和画谱》上有它的记载。北宋灭亡后，它又落入南宋权相史弥远的手中，并在它上面盖上了"绍勋"的私人鉴藏印。史弥远去世后，宋理宗查抄了史弥远的家产，此画便为南宋内府收藏。时光到了元朝的泰定三年十月十一日，集贤待制班惟志在这幅画后写上了长篇题跋，凭借他个人的想象，为这幅画添上了一段带有传奇色彩的说明。《韩熙载夜宴图》引首部位的"夜宴图"篆书书写的三个大字，并不是顾闳中的亲笔，而是明成祖永乐年间的太常卿兼经筵侍书程南云所题，由此可见此画在朱棣心中的地位。到了明末清初，这幅画又几次易主。先是到了王文荪手中，后来又归了梁清标，他在康熙朝曾官至保和殿大学士。到了溥仪退位，溥仪把大量书画文物偷运出宫，运往东北。到了1945年，日本投降，伪满洲国倒台，溥仪再次出逃，他带的那一批文物便散落民间，不知了去向。

著名画家张大千与《韩熙载夜宴图》也有着一段"因缘"。张大千一直打算定居在北京，恰巧有一清王府房屋出售，张大千看后非常满意，决定购买，便与房主谈妥价钱，以500两黄金成交并交付购房定金。某天，张大千从古玩商口中得知《韩熙载夜宴图》被北京玉池山房购得，张大千一听，非常想买下此名画，于是当天晚上，张大千来到北京南新街一位姓萧的朋友家商量要不要买，这人的儿子萧允中是张大千的学生，朋友让他儿子陪张大千去玉池山看看。玉池山掌柜马霁川索价500两黄金，张大千也没犹豫，一口答应了，风风火火地带着画卷又回到萧姓朋友家，与之再次同赏此稀世名画，两人共同认定这幅《韩熙载夜宴图》为真品。张大千只好暂缓购买王府的房子，转而购得《韩熙载夜宴图》。张大千说他要是错过这千载难逢的机遇，肯定会后悔，落个终身遗憾。张大千以其一枚"南北东西，只有相随无别离"的印章加盖图卷。新中国成立后，在一批文人和书画爱好者的努力下，周恩来总理特批了一笔款项，展开了一场"国宝大营救"的活动，收回流散在外的书画、文物。1952年，张大千移居巴西之前，把此画卖给他的好友，这人就是大陆委派的使者徐伯郊，后《韩熙载夜宴图》回到北京故宫博物院并成为镇院之宝。

顾闳中仅凭《韩熙载夜宴图》这一幅传世作品，就让他流传百世，他的画更是成为后人效仿的人物情景画典范。

范宽（约950—1031）
古今绝笔也

　　为了画出属于自己的山水，他"卜居于终南、太华"，且"常危坐终日，纵目四顾，以求其趣。虽雪月之际，必徘徊凝览，以发思虑"。他将他宽厚豁达的性格注入画作中，以此壮景打动观者。"宋画第一"，"真古今绝笔也"这种种称赞都非他莫属。他就是北宋著名画家范宽。从"师造化"到"师法自然"的转变的艰难只有他自己知晓，但他的成就是众所周知的，代代传承下去的就不会被遗忘。

　　北宋著名画家范宽，字中立，还有一种说法是，名中正，字仲立。范宽本叫范中正，"范宽"这一名字还有一个来历。在晋陕一带，如果一个人邋遢又落魄，就称之为"宽"。范宽这个人虽落魄却性格不羁，又嗜酒好道，当地人便给他取了"范宽"这一绰号，范宽不仅不介意这个称呼，还很喜欢，可见他的性格是有多不羁。渐渐地，人们都忘记了他原本的名字，"范宽"这一名字逐渐深入人心。范宽是华原（今陕西耀县）人，他是北宋初期著名山水画家之一，与李成、关全一起被后人称为"三家鼎峙，百代标程"。范宽活动于北宋前期，他的画对元、明、清三代的绘画都产生了深远的影响。元朝大书画家赵孟頫称赞范宽的画为"真古今绝笔也"，明朝大画家董其昌评价范宽是"宋画第一"，范宽的代表作有《溪山行旅图》《雪山萧寺图》《临流独坐图》等。

　　范宽刚开始学画的时候，只是一味临摹别人的画，范宽早年师从荆浩、李成，并大量临摹他们的作品，范宽非常努力地去临摹，最后却发现自己的画作面貌并没有得到多大的提升。这时，范宽就静下心细细琢磨，他领悟到只有走进山水间感悟自然，作品自然就会有所提升。范宽说："前人之法，未尝不近取诸物，吾与其师于人者，未若师诸物也；吾与其师物者，未若师诸心。"临摹别人的画，就算是临摹得再好、再像，也是无法超越原作的，与其模仿别人，还不如向大自然学习。他纵观前人的作品，都是从客观景物中提炼出感悟，然后结合自己的理解与意味，以求达到既源于自然又脱离自然的高超水平。

　　范宽的临摹道行真是不得不令人称赞，竟达到以假乱真的地步。某日，书画家米芾外出游历，路过一座寺庙，米芾这时正好爬山累了，便进去找了一间僧房坐下休息，这时，坐在椅子上的米芾发现墙上挂着一幅山水画，米芾细细品味这画，此画笔力雄劲、墨色深沉、章法险峻、气势逼人，全图烟云缭绕，忽隐忽现，群山间的碧水川流不息，这种朴实自然的意境与氛围充斥着整幅画面，是那么的悠然恬静。米芾对历代山水画家的作品风格可是烂熟于心，于是他断定这肯定是唐代山水大家荆浩的作品。米芾上前走了几步，仔细一看，他呆住了，这哪里是荆浩的画作，在画的瀑布边竟落着"华原范宽"这四个字。原来，这幅画是范宽年轻的时候临摹荆浩的一幅作品，范宽这高超的临摹水平竟也瞒过了精于鉴赏的米芾。

　　范宽为了能够画出真正的好山水，迁居到终南山和太华山，在自然风光中沉思观察。不管刮风下雨，也不论春夏秋冬，范宽都坚持去山中观察体会，他用他随身带的笔和纸记录着这不同时间与季节下的山水，将这些风景谨记于心，在绘画创作中对其进行加工提炼，注入自己的思想和理解，呈现出一幅幅动人心魄的画作。

　　凡是看过范宽山水画的人，都会对他的画作赞不绝口，"胸罗丘壑，气雄万夫"，用"古今绝笔"来称赞他是再合适不过的了。现代著名画家徐悲鸿看过《溪山行旅图》之后也惊叹不已，赞扬道："中国所有之宝，故宫有其二；吾所最倾倒者，则为范中立《溪山行旅图》，大气磅礴，沉雄高古，诚辟易万人之

溪山行旅图

作。此幅既系巨帧，而一山头，几占全幅面积三分之二，章法突兀，使人咋舌。全幅套写，无一败笔，北宋人治艺之精，真令人倾倒。"

《溪山行旅图》为绢本立轴，纵206.3厘米，横103.3厘米，淡设色，现藏于台北故宫博物院，此画在《平生壮观》《书画记》《石渠宝笈三编》等书中均有著录。画中有董其昌题"北宋范中立溪山行旅图，董其昌观"，画上钤"典礼纪察司印""墨农鉴赏""忠孝之家""乐寿堂书画记""蕉林珍玩""观其大略"及乾隆、嘉庆、宣统等收藏印玺多方。

在宋代，绘画是不盛行落款签名的，

所以画家们都将他们的名字签在极其不显眼又难找的位置，所以发现这幅《溪山行旅图》的作者是谁也是费了一番精力的，李霖灿先生在画面中很不起眼的一片树叶上发现了范宽的名字，由此才断定这就是范宽的真迹。

元代汤垕《画鉴》评曰："宋世山水超绝后世者，李成、董源、范宽三人而已。""董源得山之神气，李成得山之体貌，范宽得山之骨法。"《溪山行旅图》之所以具有雄浑的气势、动人心魄的魅力和幽静深远的境界，全靠范宽独到的笔力和笔墨。画中山水所展现的力量，不是剑拔弩张的锋芒，而是柔劲有力的"骨"气在支撑整幅画的气势。范宽在此画中运用了他善用的"点子皴"，用这种精密的点和短小的线条来体现山峰的体积感，难怪有人说"范宽此后无此品"。山石表面密点攒簇，塑出山石岩体的向背纹和质感，一层一层雄健的笔力勾勒和皴擦将山石的坚厚方硬和北方关陕一带山川峻拔雄浑、壮美的气概绘制得天衣无缝。这种"点子皴"画法在之后有不少人学用，但都达不到那如铁如石般坚硬的效果。"雨点本色，绝以斧劈"，表现了其"抢笔"技法的个性特点，正是这些"点子皴"的累积，才让这些山石迸发出来的"骨"气萦绕在绢纸之上。这气势与力量同时也是艺术家内心的表现，范宽为了自己的所爱，愿意放下一切，漫步于山水中，他可以悠然自得地观山看水，可以潜心于绘画创作中，只因他爱，所以他不放弃。也是因为爱，突然明白，为什么有些人可以成功、可以幸福，是因他们都有一种孤注一掷的勇气和不懈追求的精神，这是值得尊重、值得敬佩的一种精神。

在《溪山行旅图》的构图上，范宽采用了他善用的全景式高远构图，这种构图方式是范宽绘画的一大特色。全景式高远构图是高远法的典型，画中气势逼人的大山占了画面的三分之二，更好地突出了主次关系，层次丰富且分明，使得画面构图饱满，米芾《画史》中曾评"范宽山水，如恒岱，远山多正面，折落有势"。与这全景式高远构图相对应的就是李成的平远构图，可见此时范宽已经脱离了临摹前人之法的禁锢。这一幅气势雄壮、动人心魄的巨制，在细节上也是独具匠心。《溪山行旅图》的点睛之笔便是它的点景，画的右下角有一队缓缓行进的骡马商旅，虽然只画出一部分，但那若隐若现的动感像是显示着后面还有很多人、很多马。这一商队的出现给整幅画中的宁静添了一份活泼和生气，马蹄声在山间变成了一首动人的歌谣，打破这空灵雄劲的寂寞。商队的上方是一座小山，山上那茂密葱郁的树木色彩浓厚，以突显那浅色的山石，小山的左边是湍急的溪流，与商队的动形成呼应。范宽在小山的后面用留白这一手法画出雾气，目的是将前后两座山的距离表现出来。

不知范宽只身一人在这空旷的山林中是否受到寂寞的侵蚀，"鸟鸣山更幽"的冷清是最能瞬间击碎人心中那一角脆弱的。与主峰紧密相连的右侧山峰，造型峻巍，墨色和谐厚重，与其并肩而立，这延绵不绝的无限延伸是在告诉观者，山绵绵无尽头，范宽虽只画一方山水却有万千山水的意境。主峰右下侧的一道飞泉给上半部分的浓郁厚重增添了一丝轻快爽利。范宽精心安排画中细节，并赋予它们各自的意义与任务，活跃画面的同时也能体现人与自然在此画中的完美交融，这雄浑壮丽的自然山水是容得下人类的足迹的，它不排斥人文气息的侵入，欣然接受，因为它知道，自己那份冷清孤傲的美，是需要人的气息去柔和的。

再看范宽的用墨，他用墨的特征是苍老沉着，在这幅《溪山行旅图》中尽显其风采。第一眼望去，这幅画厚重深黑的设色笼罩着画面，描绘的虽是白天，但这山峰色彩的浓郁厚重，压深了天空的明亮，"如行夜山，昏黑中层层深厚"，这是黄宾虹看过此画后的感叹。可也就是这种浓墨，让山峰呈现出雄伟壮阔的豪迈之气，震撼着所有观者。

这幅画之所以有如此的震撼力，全靠范宽深入真山真水中汲取的感悟，也是他精心经营着整幅画面的构图和细节设置。山水画不是风景画，照搬、照抄自然风光并不是好办法，画面中的细节也不是随意添加的，范宽的这幅画的点景做得就很成功，不仅活跃了画面，同时也丰富了意味。

范宽的另一件作品《雪山萧寺图》，原为故宫旧藏，现藏于台北故宫博物院。此图为立轴绢本淡设色，纵182.4厘米，横108.2厘米。另一件《雪景寒林图》为绢本水墨，纵193.5厘米，横160.3厘米，原属圆明园收藏，现藏于天津市博物馆。范宽画山时先用干笔皴山石，凸显山石层次分明，墨色浓重润泽，渲染并用，并且用他善用的"雨点皴"来表现山石的坚厚质感。皴擦烘染时，

雪山萧寺图

他留出了坡石和山顶的空白，这样做就是为了表现雪意，更能明确所描绘的季节。此画意境深远，画面气势磅礴，雪景的静和山峰的气势完美结合，动人心魄，此外，他还注意画出林木浓密、枝丫锐利的感觉。《雪景寒林图》的价值深受重视，清代收藏家安岐称其为"华原生平杰作"。

雪景寒林图

临流独坐图

《临流独坐图》现藏台北故宫博物院，此图为绢本淡设色，纵166.1厘米，横106.3厘米，画幅上有明洪武时苏伯衡等人的题诗，钤有"式古堂卞氏""天目吴元让图书""王献臣印""希代之珍"及乾隆等收藏印。《式古堂书画汇考》《石渠宝笈续编》中均有著录。

　　这幅巨制，将沉重坚实的山石的质感与溪谷深邃的不可触探，描绘得淋漓尽致，也描写了深邃的溪谷和弥漫浮动的云雾。层峦叠嶂的山峰有瀑布高悬，苍郁的林木周围弥漫着淡淡云雾，真可谓是人间仙境。在对山石的处理上，范宽多用"点子皴"和"斧劈皴"。再看山脚下的屋宇，这是被称为"铁屋"的房子，是因此房子设色浓厚黑重，看起来有量的质感。整幅画面放眼望去，黝黑深沉的墨韵就是此画的特色。

　　画家强调要对景造意，不能只停留于描写山峦的形骸，同时要表现出山川的意境，这些画作都是山水画，范宽却能根据不同的描绘对象，更换不同的笔墨和构图模式，将不同的主题风格表现得独具特色，范宽脱离"师法自然"后的"师造化"让观者进一步了解到他高超的艺术成就。

　　2004年，美国《生活》杂志将范宽评为上一千年对人类最有影响的百位人物的第59位。在范宽这潜心努力的学画经历中，能成为近千年来画坛上极具影响的画家，绝不是偶然或者是幸运的。他将毕生精力与心血投入到绘画事业上，且一心一意为它奉献，这就不能不承认成功背后决不只是天赋。从范宽身上可知，临摹可以被当作学画的方法之一，但脱离临摹，走入自然，以自然为师，有自己的立意和创新才是最重要最值得努力的方向。南宋的李唐好学范宽，其后有马远、夏圭等人学习李唐，使得整个南宋时期的山水画几乎全部出自范宽一系。之后的"元四家"、明朝的唐寅，以至清朝的"金陵画派"和现代的黄宾虹等大家，都受到范宽画风的影响。我们铭记的范宽是"痴情"的，是懂得如何去爱他所爱的一位"柔情好汉"。

郭熙（1023—1085）
今世之独绝

北宋时期著名的大画家郭熙，他的《林泉高致》一书是中国古代山水画论的集大成者，一直为学界所推崇，他提出的"三远"对后世绘画影响深远，郭熙深受宋神宗的喜爱，这使得他拥有卓越的地位。他在山水画中寻求自己的精神家园，以安慰苦苦追寻的思乡之情，这样一位在绘画创作和画论造诣上都具有极高成就的艺术家，是如何认识人与自然的关系呢？

北宋时期著名画家郭熙，也是画学史上首屈一指的画论家。郭熙，字淳夫，河阳温县（今河南孟县）人。尤其擅长表现季节和气候特征的山水画，宋神宗赵顼深爱其画，曾"一殿专皆熙作"。现存作品有《早春图》《幽谷图》《关山春雪图》《窠石平远图》《溪山秋霁图》等。郭熙的理论成果被他的儿

溪山秋霁图

幽谷图

子郭思整理成《林泉高致》一书，此书是我国画论史上第一部系统地探讨山水画创作的专门论著。

郭熙初学李成，后自成一家，喜作巨幛大幅，作品雄健中透着灵秀。他在职期间，被封为翰林待诏直长，被神宗皇帝誉为"今之世为独绝矣"！郭熙认为在绘画中，自然丘壑的机械布置，不能显示出画家主体性情中跌宕的机趣，章法笔墨应当成为最佳的语言形式。郭熙于北宋神宗时期进入宫廷画院，在画院中，神宗很是赏识郭熙的艺术才华，故郭熙备受恩宠和赏赐。当御书房御毡帐造成的时候，宋神宗说："郭熙可令画此帐屏。"于是郭熙画了一幅《朔月飘雪》，神宗一见，大为赞赏，此画"大坡林木，长飙吹风，云物纷乱，而大片作雪飞扬于其间"，"以为神妙如动"，神宗"即于内帑取宝花金带"作为赏赐，并说郭熙"为卿画特奇，故有是赐，他人无此例"。也正是在这件事情之后，"即有旨特授（郭熙）本院艺学"。睿思殿修成后，宋神宗说："非郭熙画不足以称。"后苑瑶津亭落成后，神宗又说："此亭之屏，不可不令郭熙画。"郭熙的官职也由"艺学"晋升为"待诏"。其实，郭熙最大的愿望是能够归乡隐居，但神宗对他的喜爱使他这一愿望不能够实现。有得必有失，虽然失去了闲云野鹤的闲逸，但是因为受到神宗的赏识，他在皇家画院的地位是日渐提高。到了哲宗统治时期，郭熙的画遭到了冷落，神宗时宫里曾"一殿专皆熙作"，而哲宗继位后，却"易以古图，退入库中"。但在院外，他的画依然受到文人士大夫的喜爱。

《幽谷图》纵167.7厘米，横53.6厘米，现藏于上海博物馆。画中营造的是山顶积雪凝寒的气氛，表现了他技法服从于山石结构的变化，"勾勒不在多而形极层迭，皴擦甚少而骨干自坚"，这是郭熙皴法的特点。

《窠石平远图》为绢本，纵120.8厘米，横167.7厘米。钤"郭熙印章"一方。画幅左侧有款"窠石平远"四字及"元丰戊午年郭熙画"，正如郭熙所言："……林泉之志，烟霞之侣，梦寐在焉，耳目断绝。今得妙手，郁然出之，不下堂筵，坐穷泉壑，猿声鸟啼，依约在耳，山光水色，滉漾夺目，斯岂不快人意，实获我心哉？此世之所以贵，夫画，夫山水之本意也。不此之主而轻心临之，岂不芜杂神观，溷浊清风也哉！"

窠石平远图

　　《窠石平远图》虽然是大幅山水画，但这并没有给郭熙带来丝毫困惑，反而被郭熙展现得淋漓尽致。画面位置经营极佳，画法浑厚壮健，用圆浑的中锋，笔笔独到的气势，画出了山石的质感。此画现藏于北京故宫博物院。

　　《山村图》为绢本墨笔，纵109.8厘米，横54.2厘米，此画现藏于南京大学考古与艺术博物馆。描绘了盛夏时期北方山村景色，遥看远方那两座高大耸立的山峰居于画中，葱郁的林木点缀着烟雾缭绕的山峰，高低参差的屋宇在群峰的怀抱下，显得分外温暖。画面采用全景式构图，使得景色尽显高远、深远、平远之妙，完美地体现了作者"夏山苍翠而如滴"的审美意向。

　　据《格古要论》中记载，郭熙所作山水画"山耸拨盘回，水源高远，多鬼面石、乱云皴、鹰爪树，松针攒针，杂叶夹笔、单笔相半，人物以尖笔带点凿，绝佳"。这段话指出了郭熙山水画独特的技法风格和鲜明的艺术特色，这些在他的代表作《早春图》中可以看出。《早春图》为绢本浅设色，纵158.3厘米，横108.1厘米，现藏台北故宫博物馆。此画作于神宗熙宁五年（1072年），画作右上方有乾隆皇帝御题诗："树才发叶溪开冻，楼阁仙居最上层。不籍柳桃闲点缀，春山早见气如蒸。"郭熙在《林泉高致》中指出的"三远"这一特征表现，在《早春图》中得到了实践运用。

　　此画主题明确，富有季节感，着意表现初春时节的清晨山景。冬去春来，大自然正在苏醒，一片盎然生机，严冬刚刚过去，在这孤寂惨淡的山峰中，透露着一种生机勃勃的张力，山峰俊秀，树石嶙峋，整个画面，无论是景物内容、画面结构、笔墨技巧还是皴擦用笔，都给人一种一丝不苟的新颖。《早春图》构图上采用"十字"形章法，表现手法细腻，用笔灵动而严谨。此卷前景中央是扭曲直上的山石，苍劲的枯松根植于石中，山石上两棵挺拔的松树，仿佛是君子般迎风而歌，再看左侧的常青树，那婀娜多姿的媚态与其相互映衬。画山石用浑柔线条勾勒，暗处用多变的笔锋加皴，再轻轻用淡水墨笼染，整个画面用墨酣畅淋漓，湿勾淡染，表现出烟云轻浮、山光笼罩的效果，正如郭熙所说"山欲高，尽出之则不高，烟雾锁其腰则高矣。水欲远，尽出之则不远，掩映断其脉则远矣"。"三远"透视主要表现在用墨上，此画中可以看见墨分

早春图

五色，这一用墨特征能够拉开景物距离，尽显深远。前景墨色深如点漆，远景墨色淡则可见绢底。

唐末以后的士大夫和文人雅士收藏欣赏书画之风日益盛行，尤其喜爱用山水画装堂饰壁，寄托自己的"林泉之志"，抒发自己的山水情怀。《林泉高致》中说"今得妙手，郁然出之，不下堂筵，坐穷泉壑，猿声鸟啼，依约在耳，山光水色，晃漾夺目，斯岂不快人意实获我心哉。此世之所以贵夫画山水之本意也"。根据郭熙这段话，可以看出山水画的地位渐渐超过道释画，贵族士大夫的热情也慢慢倾向于山水画，也就是在五代北宋时期，一些优秀有成就的山水画家相继涌现，被士大夫争相延纳，这一行为对山水画发展起了积极的推动作用，郭熙也正是在这一环境和风气下成长起来的。

郭熙在绘画上的成就，就像他的《林泉高致》一样杰出，为人称赞效仿。徐复观先生对其《林泉高致》的评价是："并时，及此后的画论虽多，然平实周到而深切，殆无能出郭氏范围之外的。"《林泉高致》一书经郭思编纂注解，熔铸着父子两代的心血，以特有的方式和体例，记述了郭熙的艺术见解、重要画迹、创作经验和艺术生涯。《林泉高致》前有序文，全书包括《山水训》《画意》《画诀》《题画》《画格拾遗》《画记》六篇，据《四库全书总目提要》可知，前四篇是郭熙写的，序言和后面的两篇是郭思所作。郭熙虽师法李成，但他清楚认识到师法自然更为重要。他潜心学习研究各家各法，在《林泉高致》中正确地分析前人画家的特点，并得出"不局于一家，必兼收并览，广议博考，以使我自成一家，然后为得"这样一句经验之言。

郭熙很是注重观察自然，他在《林泉高致》中说："春山淡冶而如笑，夏山苍翠而如滴，秋山明净而如妆，冬山惨淡而如睡。"这贴切到位的言语成为后世画家经常使用的经验。郭熙对绘画不只是停留在热爱上，他对绘画抱以虔诚之心，把绘画当作一件神圣的事业。"落笔之日，必明窗净几，焚香左右，精笔妙墨，盥手涤砚，如见大宾，必神闲意定，然后为之，岂非所谓不敢以轻心挑之者乎？已营之，又彻之，已增之，又润之，一之可矣；又再之；再之可矣，又复之。每一图必重复终始，如戒严敌然后毕"，郭熙的这一态度不只是对绘画这一事的负责，更是对自己负责。爱上一件事、一个人，是无法忍心怠慢它（他）和亵渎它（他）。也正是郭熙的这种态度，好像是他的所爱收到了他的心意一般，回复他的也是如此全心全意。

在中国山水画创作中，一直讲究意境，"景外之意""意外之妙"，使观者能够观其画思其意。此外，经营位置也是绘画艺术的基础，这一点是绘画艺术能够成立的必要条件。郭熙在《林泉高致》中把山水画的境界总结为"三远"，"山有三远""山有三大"，这是对于自然山水远近距离的研究：在色、势、意三个角度郭熙又作了进一步论述。郭熙在"三远"法中说：

山有三远，自山下面仰山巅，谓之高远；自山前面窥山后，谓之深远；自近山而望远山，谓之平远。高远之色清明，深远之色重晦，平远之色，有明有晦。高远之势突兀，深远之意重叠，平远之意冲融，而飘飘渺渺，其人物之在三远也。高远者明了，深远者细碎，平远者冲淡，明了者不短，细碎者不长，冲淡者不大，此三远也。

艺术家了解和把握"远"的含义，不单单只是从山水画中理解，最重要的是从人生境界中去感悟"远"的意义。由此可以看出，郭熙将"三远"这一理论由自然物体在形式上的安排上升到主观精神对客观形式的表达。可见，山水画在构图上应该注入画家的情感，山水画的景物注入情感后，可以达到自然美与人文美的融合。

作为中国古代山水画论最高成就的《林泉高致》，开篇便抒发了对"家园"的怀恋之情。《林泉高致》序云："少从道家之学，吐故纳新，本游方外。家世无画学，盖天性得之，遂游艺于此以成名。""道家之学"对于培养隐逸放达的山林性格是很有帮助的；"本游方外"是一个画家进行山水画创作源泉的一个必须经历。因此，尽管郭熙"家世无画学"，年轻时的这段求学和生活经历，养成了他寄情山水、热爱山水的性情，以至于援笔"游艺"于山水画事。郭熙凭借着这两点，自悟山水画道，并在绘画造诣上独创辉煌。

在郭熙看来，人们生活的家园应该是人与自然相处和谐、自由，具有"常乐""常适""常亲"是人性的本源之境，"人情所常厌也"，那纷扰不堪的世俗生活是违背了人的本性。但作为深受儒家思想影响的画家，郭熙却不能返回山水田园，不能做"离世绝俗"之行。画家之所以爱画山水，只是想通过"卧游""畅神"抚慰对故乡的怀念。郭熙的《林泉高致》作为中国古代山水画论的集大成者，一直为学界所关注，集中体现了古人对人与自然关系的思考，其中蕴含的生命意识与审美智慧值得后人继续探索，古人对诗情画意的生活状态的追求也一直延续到今天。艺术家进行创作不单是因为自然界美，更是为了在其中寻找构建属于自己的精神家园，满足生命对意境的渴望。

不论是郭熙的画作还是画论，无疑都给中国绘画史注入了新养分。《林泉高致》是郭熙自己对绘画的见解，也是山水画走向成熟后的理论总结，绝对是不可多得的宝贵财富。

张择端（1085—1145）
稀世珍品后的无闻者

　　"山不在高，有仙则灵"。绘画也是如此，"画不在多，精品就行"。张择端就是这样一位传世作品不多，却是人尽皆知的艺术大家。传世的《清明上河图》《金明池争标图》哪一个不是"神品"，他虽没有坎坷的人生历程，但其画作却颠沛流离。展开他的画卷不得不感叹，这是多么细致入微的观察力与记忆力、每一处都是故事，每一景都是经典。这样一位杰出的画家，名垂千古是历史的必然。

　　张择端，字正道，又字文友，在各种史籍中几乎找不到关于他的记载，对他的生卒年份和朝代各有争议。纵观所有史料，其中金人张著的题跋是对张择端身世最权威的记载："翰林张择端，字正道，东武（今山东诸城）人也。幼读书，游学于京师，后习绘事，本工其界画，尤嗜于舟车市桥郭径，别成家数也。"张著为什么不在"翰林张择端"加上"宋"啊或是"金"，就这一个字，能让后人省多少事。大多数认为张择端是北宋末年画家，东武（今山东诸城）人。

　　张择端早年游学于汴京（今开封），后学习绘画，徽宗时期供职于翰林图画院，对艺术由衷喜爱，擅长界画，特别是描绘舟车、市街、城郭、桥梁等。关于张择端的传说很多，真实与否，并不重要。话说张择端进京赶考落榜，一路走来，口渴难耐，前有一片杏林，张择端向看林主人讨水，主人给他杏吃，没收他钱，于是他就画了一幅《杏林图》作为感谢。后来杏林主人的儿子拿此图到汴梁城售卖，这时一只笨笨的小鸟飞了过来，以为这是真的杏林，结果撞图而落，从此张择端名声大振。这便是"飞鸟撞画"的故事，从中也能够看出张择端的工笔画造诣已到了以假乱真的境界。

北宋时期都城汴梁（今河南开封）的西郊有一个著名御园，它是琼林苑的一部分，也是北宋四园之一，这就是金明池。宋太宗赵光义当初建造金明池的意图仅是为了训练水军，强化国家水上的军事实力，但随着不断地增修，池上各种设施逐渐完备，到最后居然被造成了一座豪华气派的皇家园林。这里成为皇帝与达官显贵巡游的场所，平时禁止百姓随意出入，而在每年三月一日起到四月八日这一个多月里，可以对外开放，任人游赏。因为皇帝要在这个地方亲自校阅水军演习并举行迎接端午节的各种庆典活动，所以在这段日子里，金明池游人如织，也可见当时皇帝及众人对端午节这些传统节日的重视。

在孟元老的《东京梦华录》一书中对金明池的宫苑建筑等均有记载，用文字再现了当时的盛景：

池在顺天门外街北，周围约九里三十步，池西直径七里许。入池门内南岸，西去百余步，有面北临水殿，车驾临幸，观争标锡宴于此。往日旋以彩幄，政和间用土木工造成矣。又西去数百步，乃仙桥，南北约数百步，桥面三虹，朱漆阑楯，下排雁柱，中央隆起，谓之"骆驼虹"，若飞虹之状。桥尽处，五殿正在池之中心，四岸石甃，向背大殿，中座各设御幄，朱漆明金龙床……桥之南立棂星门，门里对立彩楼，每争标作乐，列妓女于其上。门相对街，南有砖石甃砌高台，上有楼观，广百丈许，曰宝津楼，前至池门，阔百余丈，下瞰仙桥水殿，车架临幸，观骑射百戏于此。池之东岸，临水近墙皆垂杨，两边皆彩棚幕次，临水假赁，观看争标……北去直至池后门，乃汴河西水门也。其池之西岸，亦无屋宇，但垂杨蘸水，烟草铺堤，游人稀少。多垂钓之士。……池岸正北对五殿，起大屋，盛大龙船，谓之"奥

金明池争标图

屋"……（卷七·三月一日开金明池琼林苑）

从以上记载来看，《金明池争标图》整个画面的布局及其描绘的那些宫苑建筑与《东京梦华录》中所记述的情形是吻合的。

这是孟元老用文字再现当时争标时的盛况，张择端则用他高超的绘画水平完成了《金明池争标图》这一极具历史价值的作品。张择端的这幅《金明池争标图》现藏于天津艺术博物馆。此画为绢底工笔设色，纵28.5厘米，横28.6厘米，在左下沿的城垣上有"张择端呈进"字样，根据这"呈进"二字可以看出，此时的张择端是在皇家画院供职。

在画面的右下侧，有一列城墙，其上高耸一座城楼，这一段城墙应是汴京西城墙，由此可推断画的下侧为东，上侧为西，左侧为南，右侧为北。从画的左下方（即南面）临着大街的门进去，上方（即西方）有一座将月台延伸到水面上的重檐殿宇，这就是"入池门内南岸，往西走百余步"面北的临永殿。临永殿是皇帝观看争标、赐宴群臣的地方，所以它除了一个大门之外，不与其他池内的建筑相通。

虽说这个宋徽宗赵佶当皇帝不怎么样，但他在艺术领域却是一位颇有造诣的大家。由于他的倡导鼓励，翰林院专门设立了"图画院"。张择端才能够有机会接近皇室，发挥自己的绘画才能。如果按照"院体画"本来的路子走，它应该是为那些贵族、士大夫的风花雪月、醉生梦死做代言。而张择端却不同，他开辟了一条新路子，转而对风土人情和都市生活下手，终于在他"蜡炬成灰泪始干"之前完成了鸿篇巨制——《清明上河图》。此画作于宣和（1119年~1125年）年间。这幅作品的首位鉴赏者和收藏家，非赵佶莫属，这幅作品可把皇帝高兴坏了，他用自己所创的"瘦金体"题写了"清明上河图"几个字，并钤上了双龙小印章。如今《清明上河图》被评为中国十大传世名画之一。据统计，目前国内外公私所藏的《清明上河图》摹本就有30幅，原作现藏于北京故宫博物院。

《清明上河图》纵24.8厘米，横528.7厘米，全图共画了不同阶层的人物770人，不同种类和形态的牲畜90余头，不同型号的车轿20余辆，大小船舶20多艘，房屋30余幢、100多间。

《清明上河图》着重描绘了北宋首都汴京水陆运输和市井繁忙的景象。此图运用散点透视的全景构图方法，以讲故事的形式从右向左逐一描绘，全图笔精墨妙，用浓淡墨色来表现远近不同的景物，所绘的景、物比例准确科学。这么宏大的规模中，安排了众多的人物、彩楼、商场、陈设等，令人目不暇接，内容丰富却不显拥挤繁复。人物身份上可至达官贵人，下可至庶民百姓，应有尽有，如茶楼、酒肆、旅店、药店、绸缎店、作坊、妓院、地

清明上河图（局部·虹桥）

摊、车马、乘轿、算命看卦的席棚、拱桥、纤夫等。对人物的刻画可谓是形神皆具、生动准确。此画结构严谨，虽繁多却不杂乱，虽是长卷，却是高潮与静谧的完美结合。

虹桥和汴河一带景象为全画的中心和高潮。据记载，画中的虹桥位于汴京东角子门内，是左右宿州的州官陈希亮在1040年发明设计的。它的下面没有一根桥柱，全以巨木虚驾而成，看上去轻巧、别致，如一道彩虹飞架汴河两岸，因而称"虹桥"。画中的汴河则是当年隋炀帝杨广时期开凿的大运河北段，北宋民间称为"上河"。这也是《清明上河图》画名的由来。

这幅作品不仅在艺术领域占有极重的席位，其历史文献价值也是举足轻重的。从这幅画中可以窥探到北宋王朝政治、经济、文化中心汴梁的都市生活和风土人情，宋代时期的都市生活以及交通、服饰、风俗等，从中了解到当时的状况。《清明上河图》是我国古代绘画中具有里程碑意义的一幅写实风俗画，是古代现实主义艺术大作。风俗画是人物画的一种，是以社会生活风俗为题材的人物画。据记载，这类画始于汉代，如辽阳、望都等地墓室壁画和画像石、画像砖等。与其同一时代的名作还有苏汉臣的《货郎图》。

清明上河图（局部）

《简明不列颠百科全书》在"张择端"词条内对《清明上河图》的评价：

这是一幅具有重要历史价值的风俗长卷，画家成功地描绘出汴京城内及近郊在清明时节社会上各阶层的生活景象，主要表现的是劳动者和小市民。对人物、建筑物、交通工具、树木、水流之间相互关系的处理，非常巧妙，整体感很强，具有极大的考史价值。此后历代绘制的都市风俗画，无不受其影响。

好东西一旦问世，就必定会有人为之疯狂。《清明上河图》自问世以来，经历多少收藏家和鉴赏家的把玩欣赏，它更是后世帝王权贵巧取豪夺的目标。此图自张择端奉贡皇室后，最先存于宣和（宋徽宗）御府。靖康之变，金人攻入汴梁，徽宗、钦宗二帝被俘，北宋从此灭亡。宫内的古画珍宝，被金人洗劫一空，《清明上河图》因此流出宫外，流落在我国北方民间，先后被张著、张公药、张世积等人收藏。进入元朝后，《清明上河图》被收入元朝内府，元代宫室人员以高价卖给了一位高官。几年后又被保管人员偷卖给元人武林陈彦廉。以后又转到杨准、刘汉、周文府等人手中。元末明初，由于战火不断，许多文化遗物不幸香消玉殒。《清明上河图》因流落民间而幸免于难。明朝中期先后藏于李贤、朱文征、陆完、顾某、太子太师严嵩之手。

严嵩父子可真是出色的奸臣。明世宗时，严嵩、严世蕃父子二人倚仗权势，横行霸道。嘉靖年间，他们打探到《清明上河图》藏在兵部侍郎王忬家中，于是前去索购。王忬面对这位高权重的家伙肯定是不敢拒绝，可他又不忍卖出名画，便悄悄请苏州画工黄彪临摹了一幅送去。严家的装裱匠汤臣曾在王忬家见到过《清明上河图》真品，他见到送来的这一幅与他在王家所见到的不太一样，便细细观察，果然被找出破绽。严世蕃拿到仿制的画卷，正得意欣赏着，这时汤臣忙不迭地凑上去献殷勤，他指给严世蕃说："你看屋顶麻雀的脚爪是不是画错了。麻雀的脚爪应该很小，怎么可能踏在两片瓦上呢？这该不会是假的吧？"严世蕃一听，仔细一想，自己花一千二百金买来的竟是赝品，不禁恼羞成怒，从此对王忬怀恨在心，一心想除掉他。他和严嵩勾结一些同党陷害王忬，终于将王忬处死。王忬死后，其子王世贞开始了复仇之路，他打听到严世蕃喜欢看色情、淫秽小说，而且看书的时候习惯用手指蘸上唾液翻掀书页，便想出一个替父报仇的计策。王世贞组织了一伙人编写了《金瓶梅》一书，这本所旷古奇书的诞生竟是为了报家仇。书写好后，王世贞在每页上都浸上砒霜派人送给严世蕃。严世蕃阅罢此书，中毒身亡。当然，这些都是传说，不过，这好东西还真是能要人命的。都说酒和女人最容易误事儿，那这还真是太对了，每个人都有自己极其喜好的东西，抓住别人的短处下手，那可是招招致命。由此可见张择端的细心缜密，一只小麻雀的脚都得符合常理。近代书画名家张大千是绘制赝品的高手，他故意在伪作上留下"记号"，以免谬种流传。他在临摹《清明上河图》时将"记号"放在小鸟身上，虽说非常隐秘，却骗不了明眼人。小鸟的身体比两道瓦脊还宽，这显然的比例失调，与现实相悖。他大概就是受了上面故事的启发罢了。

再说严嵩父子。到隆庆时期，严嵩父子被御史邹应龙弹劾，终于官场失势，先被革职，而后严世蕃被斩，严府被抄，家产被没收，《清明上河图》又进入明隆庆内府。明朝末年，宦官专权，政治腐败，太监偷盗宫内珍宝出宫已不是什么新鲜事了，《清明上河图》被大太监冯保盗出明宫。

到清朝时期，《清明上河图》先后藏于陆费墀、毕源家中。1799年，毕氏被抄家后，此图入清内府，以后一直藏于清宫。直到1925年溥仪以赏赐其弟为名，把众多珍宝偷运出宫，其中就有《清明上河图》，后被偷运到天津。伪满洲国建立后，溥仪又把这件作品偷运到长春伪皇宫。抗日战争胜利，溥仪想把《清明上河图》带走，却在吉林通化被人民解放军缴获。《清明上河图》历经800多年沧桑，漂泊不断，身世坎坷波折，这也是因为它的价值，才会如此颠沛流离。

南宋时期有许多的《清明上可图》摹本，一两黄金一卷。这不只是单纯的临摹，其中饱含了南宋人民对故都的依恋和不舍。此画在于，仿佛是又看到了故都的繁华景象。

就张择端的这件传世画卷来看，他对于风俗画题材的艺术创作尤为热衷，并且能够形成自己的风格。这只有充分融入现实生活，去观察体会，利用高层文化的视觉习惯去窥探研究底层文化中独特的艺术成分。艺术源于生活，从繁杂无序的现实生活中提取诗一般的绘画题材，是需要极高的感悟能力的，这一点张择端做到了。

夏圭（生卒年不详）
夏半边的半壁江山

　　夏圭与马远齐名，一说"马一角"，便会想起他的"夏半边"。夏圭是南宋时期的著名画家，其独特的构图和空灵的意境不仅征服了中国的画家们，还将这艺术成就延伸到了日本，并对日本室町时代的绘画艺术产生了深刻的影响。"世称夜光无与敌，何如夏君神妙笔"，这样说夏圭一点儿也不为过。进驻到我们内心深处的便是夏圭那神妙之笔。

　　夏圭，活动于1180年—1230年前后，字禹玉，钱塘（今杭州）人。早期专攻人物画，后来以山水闻名。他的山水画继承和发展了李唐晚年的画风，又将范宽、米芾、米友仁的长处汲取过来，形成自己的风格。夏圭善于使用大斧劈皴染山石，对那些边角之景有独到的感受并游刃运用，故画史上称他为"夏半边"。代表作品有《溪山清远图》《西湖柳艇图》《遥岑烟霭图》《烟岫林居图》《雪堂客话图》等。

　　据周密的《武林旧事》记载，御前画院共有十人，夏圭就是其中一个，与马远等人受到同样的优遇和重视，夏圭的声誉日渐高涨，还受到皇帝赐金带的荣誉。元代柯九思谓"画院中人物山水，自李唐而下，无能出其右者"。后世对夏圭极为推崇，并有诗曰："世称夜光无与敌，何如夏君神妙笔。""但觉层层景不同，林泉到处生清风。意到笔精工莫比，只许马远齐称雄。"

　　我国古代的山水画，大体可划分为以宋、元为代表的写实山水画和以明、清为代表的写意山水画。而在宋、元的写实山水画中，又有各自的风格，作为"南宋四家"之二的夏圭和马远代表着南宋山水画的典型风格。能作为代表人和领头人，才华肯定不只停留在画技上。

　　1934年4月，西京金石书画学会编辑的《西京金石书画集》第一期行文称《溪山无尽图》"卷长五丈有奇，高一尺四寸，纸本。五墨攒聚，烟霭阻深，无上神品也。五丈有余之卷。乃系整纸一匹，尤为罕见。细观卷中项氏所藏数印，或系明清之季重加装池，但诸老皆不敢妄题一字，足见清人对于名迹之矜慎"。现藏于中国台北历史博物院，该院还定此卷典藏编号为"陕西一号"，近代著名画家张大千在见过此画后发出"天下夏圭第一"这样的感叹，并将此句题在卷首。

　　从夏圭的众多绘画作品可以看出，他的思想深受佛教影响，主张"脱落实相，参悟自然"。他更趋向于用简洁的笔法表现悠远的意境。

溪山清远图

《溪山清远图》为纸本长卷墨色，纵46.5厘米，横889.1厘米。此画描绘晴日当空下江南江湖两岸的迤逦景色。夏圭对墨的了解不只是在干湿变化上，他能运用墨色的变化表现景色的层次感，突出景物的立体效果。该画构图空旷，因此画面显得清净空旷而又悠远，墨色淡雅，整幅画给人以安静素雅的意境，这一晴空下的湖光山色跃然纸上，显得是那么恬静。

《雪堂客话图》是夏圭的早期作品，可以算得上是他众多作品中的精品。此画为绢本淡设色，纵28.3厘米，横29.5厘米，现藏于北京故宫博物院。

夏圭的雪景画法师学范宽。画中描绘了雪后欲融未化时的景色，体现了冬季沉寂的大自然所蕴藏着的勃勃生机。远景用劲力方折的线条勾勒出远山一角的轮廓和纹理脉络，少皴多染，以显其阴阳向背和层次变化。坡脚则隐没于淡墨晕染的烟岚雾霭之中。画面左下方的景物构成了画面的主体，山石在运用斧劈皴后以淡墨染色。生长在岩隙之中的两株老树，前后掩映，如双龙对舞。水岸边，有一水榭掩隐于杂树丛中，轩窗洞开，清气袭来。屋内两人正在对坐交谈，虽只对其圈脸、勾衣，寥寥数笔，却将人物对弈时凝神注目的神情表现出来。远处山顶与近处枝杈之上有未融化的积雪零星点缀。画面右下角，为细波荡漾的湖面一隅，一叶小舟漂于湖面之上。画面左上角留出的天空，杳渺无际，把观者引入深远渺茫、意蕴悠长的境界。能把握住雪景神韵的画家不多，夏圭却在这里证明了他的实力。放眼望去，这幅画虽大部分是浅色调，但那天空的昏暗，正是雪天所有的沉重，寒风簌簌，吹动着苍劲的枯枝，摇曳着孤寂人儿的心。被树丛包围的那座小房子是这冰冷天地的一点温存。

夏圭知道，山水之美在于人气，美的山水靠人去发现传颂，也因有人在其间，才不会那么突兀和苍白。

明代曹昭《格古要论》评曰："夏圭山水，布置、皴法与马远同，但其意尚苍古而简淡，喜用秃笔，树叶间夹笔，楼阁不用界尺，信手画成，突兀奇怪，气韵尤高。"他作画用水较多，故画面更显湿润秀逸、水墨淋漓，人称"拖泥带水皴"；其又喜在染后用秃笔焦墨点皴，所谓"泥里拔钉皴"是也。夏圭的画丝毫不露圭角，蕴圆浑于苍劲，于疏松中见俊秀。

雪堂客话图

　　董其昌虽对"北宗"山水有偏见，却对夏圭十分折服，曾言："夏圭师李唐而更加简率，如塑工之所谓减塑者，其意欲尽去模拟蹊径。而若隐若没，寓二米墨戏于笔端。"夏圭确实不错，连董其昌这挑剔的鉴赏家都对夏圭有如此评价。有时候，不得不承认优秀之人的魅力。

　　夏圭在日本受推崇程度远远高于在中国。据记载，夏圭的艺术作品是在南宋末年传入日本的，特别是在15世纪前后，夏圭的画风对日本水墨画界产生了极大的影响。以平淡、空旷、枯荣为代表的室町时代，基本风格被禅家思想笼罩，是禅文化的高峰时期。日本禅文化喜欢那种拐弯抹角、欲言又止的风格，他说了什么，其实什么也没说，可他确实说了。这时夏圭的"介入"满足了日本画家的需求。夏圭的边角残山既符合日本禅宗思想，又能象征无限深邃的境界，略施笔墨，意境全出。构图上，夏圭的边角构图更能体现画面的悠远深邃，这也正是日本禅画画师所需要的调调，所以夏圭在日本能享如此盛名绝不是偶然。

因为受到夏圭的影响，那时日本绘画风格也更倾向于空灵留白的"马一角，夏半边"式的构图。在相国寺鹿苑院阳凉轩主的《阳凉轩日录》中记载："养德院幛子六枚，此（北）房笔之，盖夏圭样也，诚可嘉尚，今日毕功也……松泉轩书院障子八景画，今日毕其功，夏圭样真本也……晚来，谒东府，鹿野助所笔之画之草案二幅供台览。鹿野曰：马远样然乎？虽然，西指庵御书院画像马远样也。召鹿野助于私第，先令图一人可供台览，夏圭笔样欤？又马远笔样欤？"可见，当时日本画坛对马、夏艺术的倾心偏爱，适合自己就是极力宠着、爱着，马远、夏圭是不会知道自己会被那么在乎。现藏日本的《山水图》和《江城图》被日本定为"重要文化财产"。

夏圭的《虞山胜迹图》卷是现存唯一描绘虞山景色的宋代画卷，也是目前已知最早的一幅画虞山图画，为绢本水墨，宽28厘米，长298厘米。此图清代被收入宫廷，画上鉴赏印非常丰富，三希堂精鉴玺、石渠宝笈、乾隆御览之宝、乾隆鉴赏、嘉庆御览之宝、嘉庆鉴赏、宜子孙、古希天子、宝笈三编、宣统御览之宝等。引首为清乾隆年间文人王文治于乾隆五十八年（1793年）二月书写的"虞山胜迹图"。从此画卷流出宫外后，民国时期吴昌硕、溥心畲、陈半丁均在上面题诗。其中吴昌硕题诗："古木幽亭静隔尘，城寒风景一翻新。孟郊老去诗谁好，敢把空山无一人。"虞山这浑然天成的尤物，在画家眼里是爱不释手的对象，该如何疼她？画家们费尽心机，却不如这真情流露。摄影家对她的爱展现在胶片上，歌唱家爱她就把她唱出来，而画家就是用笔墨丹青再现自己对她的痴情。

"人法地，地法天，天法道，道法自然"，其终极还是归于自然，自然带给人的感悟可以说是至高的。这正是中国的山水精神，中国古代山水画家早

西湖柳艇图 （局部）

已意识到自然的重要性，所以愿意将自己的毕生都投入其间。中国人对花鸟鱼虫的描绘可以升华到表达自己的所有情绪，我们虽没有外国人那么了解它的属性，但赋予它的意义却是他们不能及的。好比夏圭的那一幅《雪堂客话图》，人的心情是能影响看画的效果的，此画明暗对比分明，你可以只看见白雪皑皑，也可以只在意昏暗的天空，这都取决于你此时的心境。不知道夏圭在画此画时是怎样的心境？

为什么说中国绘画极具诗情画意，它将画家难以言表的心情和感情外显于纸上，当作品完成时，此画也就脱离画家而独立存在，所以这画是喜是悲全是观者自身的心境。正如上面说到的，当看见暗沉天空还能微笑以对，当看到百亩花田绽放时却黯然流泪，这不是景的错。"书画之妙，当以神会，难可以形器求也。"这是沈括在他的《梦溪笔谈》中对中国绘画之妙的见解。书画之妙在妙，在意境。

马远（1190—1279）
"一角"绝境的浅吟

　　他超脱的"一角"意境，带来的感触，不只有幻想的深远，他把思想留给观者，对"虚"与"实"的把握与运用，将山与水的悠远境界发挥得淋漓尽致。马远是一个非常有才气的画家，他的人生是否也如他的画作一般空旷悠远呢？

　　在绘画史上被誉为"南宋四家"之一的画家马远出生在钱塘（今浙江杭州），祖籍河中（今山西永济）。字遥父，号钦山，是南宋光宗赵惇、宁宗赵扩、理宗赵昀时的画院祗候、待诏。马远的艺术成就以山水画最为突出。代表作品有《踏歌图》《西园雅集图》《水图》《梅石溪凫图》《寒江独钓图》等。

　　马远出身于绘画世家，是一位多能的画家，享有"一门五代皆画手"的称誉，先祖号称"佛像马家"。马远的曾祖父马贲是宋徽宗时期的绍兴画院待诏，善画花鸟、人物、山水，尤工杂画。南宋邓椿在《画继》中说，马贲曾"作百雁、百猿、百马、百牛、百羊、百鹿图，虽极繁夥，而位置不乱"。马贲最擅长画的是小景，《画继》终将马贲列为"小景杂画"画家，

西园雅集图

其画作被誉为"铭心绝品"，画史上的"百图"就始于马贲。马贲还是一位杰出的鉴赏家，宋高宗赵构每每得到什么卷轴名迹，就必定会请马贲辨识鉴定。马贲还曾奉旨为宋高宗赵构的宠妃刘娘娘画像。马远的兄弟马逵也是一位绘画名家，马逵的画"得家学之妙，画山水人物，花果禽鸟，疏渲极工，毛羽粲然"。马远的儿子马麟得家传，与马远同在画院工作，职位为画院待诏。马氏一家的绘画活动可以说贯穿了南宋画院发展的始末。北宋皇帝宋钦宗靖康年间发生了靖康之乱，马氏全家南迁，定居在钱塘。

马远画山，常只取山的一角，画水也是如此，将画面留出大片空白，以此来表现那种空旷悠远的气氛，对于树木这些景物的描绘更是精减到极致。画史上有句话是这样说的："人但知有画处是画，不知无画处皆画，画之空处，全局所关，即虚实相生法，人多不着眼空处，妙在通幅皆灵，故云妙境也。"马远可谓深得其旨。马远在构图技巧上的纯熟与创新，使得他的画作意境更深，他善于将复杂繁复的自然景色，进行高度概括提炼，使他所要表达的艺术形象更加突出和集中。再看马远那大片空白的地方，看上去是空

寒江独钓图

白，实际上并非空白，而是利用"虚"这一表现手法暗示更为深远的景象，"虚"处可以是水、是云、是雾、是天空，给观者留有丰富的想象余地。以"虚"写"实"的表现手法，让人真正地感受到"虚实相生，无画处皆成妙境"的韵味。

能够突显马远艺术特色的作品是藏于日本东京国立博物馆的《寒江独钓图》。此图为绢本水墨淡彩，纵26.7厘米，横50.6厘米。《寒江独钓图》是马远构图最为成功的作品。空旷平静的江面上，一位渔翁独坐垂钓，他略为前倾的身体正反映了他此时的全神贯注，渴望着此时会有鱼儿上钩。因为渔翁坐在船的这一端，另一端微微上翘，船的篷顶上放着蓑衣和笠帽。画面其他地方皆不着墨色，只在船周围描上寥寥几笔的微波，给人以孤寂萧索、空旷境远的气象，偌大的江面上只有渔翁一人，更是突出了"独钓"这一主题特色。马远只绘了这一叶扁舟，却留给观者无限的想象空间，这以少胜繁的艺术手法，可以看出马远不论是从构图还是从意境表现上都有很深的造诣。

很多人评说马远的画作是"残山剩水"，处处透露着一股萧索孤寂，其

踏歌图（局部）

实不然。他并不是所有的画作都是这样，他的《踏歌图》就是很好的说明。
《踏歌图》为绢本，纵192.5厘米，横111厘米，此画为马远山水画的代表之
作。《踏歌图》上方有宋宁宗赵扩的题诗："宿雨清畿甸，朝阳丽帝城。丰
年人乐业，垅上踏歌行。"附小字："赐王都提举。"图的右下角有"马
远"书款。

　　这是一幅以南方风俗为题材的山水画。这虽然是一幅风景图，但对人
物的描写生动到位，使得"踏歌"这一主题明确，体现出自然美与人文美的
完美结合。时值阳春时节，在田垄、在溪旁、在桥上，近郊农民们正兴致勃
勃地在这山水间享受着"踏歌"的美妙与乐趣。那溪桥上的四个老农，都喝
了些酒，醉意十足地前前后后走在路上。最前面年纪较长的一人，长着发白
的胡须，右手拿着短杖，左手抬到耳边，转过身来，和那位走在桥上手舞足
蹈的老农，互相唱和；第三个人拉住第二个人的衣服，正准备过桥，或许是
因为酒醉想找个人扶他一把，最后那一位，好像还对酒桌有依恋，手上拿的
手杖，上头还挑着葫芦，迈着醉意的脚步跟着前面的人不知道要往哪里走。
再看画面左边那一对母子，正微笑地向后看去，默默地等着后面的"醉汉"

踏歌图

们，温馨的意味充满整幅画面。这些农者唱着、舞着、醉着、驻足观看着，淳朴而和谐的气氛将山水不可近人的冷漠淡化了许多，使得整个画面被这种愉快的气氛包围着，散发出动人的气息。

《踏歌图》构图紧凑简洁而含蓄，画面开阔，错落参差的树木与山石安排合理到位，画面层次丰富，有跌宕起伏的动态感。用笔上，山石和树木都用大笔皴擦，并采用了"钉头鼠尾皴"。马远虽然强调简略景象，但是在这幅画中，他的细致刻画也能得到印证，画中树木造型独具个性，柳枝的手法刚柔并济，老枝挺硬，新枝柔软，随风飘拂。梅树多是斜势横出，曲折随意，这就是所谓的"拖枝"。

明代著名画家沈周评论马远山水画曾言："遒逸秀拔，高出当世。"马远山水画的艺术特色总体来看就是：布局简洁、妙趣横生、水墨苍劲、线条遒劲，有着深远空旷的意境，其艺术风格成为了南宋山水画的时代特色。

马远为什么能有如此成就呢？家世？天分？可劲儿努力？或许都有吧。成功靠自己！这句话说得太到位了，有句话说："师父领进门，修行靠个人。"自己的人生能有谁可以干涉。说来也奇怪，纵观中外那些知名画家，他们都具有一个共同点，那就是坚持。说起来多么简单的一个词，"坚持到底，就是胜利"，可是也有那么些人在坚持的路上停了下来。别人不会一直推着你走，他们总会觉得累，难怪说想成功就必须耐得住寂寞。马远的寂寞都在这一角山水中，寻找知音人。

据说马远小时候很是顽皮贪玩，还不喜欢读书。一天，马远偷偷溜出学堂，跑到水塘边玩耍。正玩在兴头上的时候，南邻一个丫鬟挑着两只水桶正向这边走来。马远怪她搅了兴致，想吓她一下，等到那个丫鬟打满水挑起来准备走的时候，躲在树后的马远大叫一声，吓得丫鬟跌坐地上，水也泼了满身。马远还不甘休，装腔作势地对那丫鬟喊道：挑水丫头谁家女。没想到那丫鬟竟回敬了他一句：混账小子隔墙人。这与马远的问话恰成一副对联。马远想不到这个丫鬟居然这么有才气，又出一联想刁难她：翠芦碧荷，且问你谁人栽就。此时，丫鬟已经重新把水打满，挑起水桶，边走边回答说：绿

梅石溪凫图

蓼红蕖，原是它天然生成。马远听了又是一惊，待再开口，那丫鬟已经挑着一担水，头也不回地走了。碰了钉子的马远，无精打采地往家里走，这时他听到一阵笑声，便加快脚步往前走，原来是那个丫鬟正踩着梯子，隔墙拽着他家墙边的桑枝，想摘桑葚吃，马远想这回可以报复她一下了，便高声说道："南院近居，偷摘人家桑葚子，该也不该？"丫鬟听了，回过头，双手扶墙，微微一笑，不慌不忙地对道："东游西逛，不读古今圣贤书，羞也不羞？"这一句话可是揭了马远的伤疤，马远羞得哑口无言。从那以后，马远变了，变得专心读起书来。这是"一语惊醒梦中人"呢，还是年少的不甘之心在作祟？这已经不重要了，重要的是我们看见了马远的成就。

哪个少年没有个姑娘激励过自己？哪怕是这样的匆匆过客，也能在心里挥之不去。每个成功的男人背后都会有一个女人支持他，不管有没有，马远的成就都是他自己努力的结果。

马远的绘画成就不只体现在山水画上，他的花鸟画也有很高的创造性。现存《梅石溪凫图》就是一幅典型的画作，但是这幅作品的独特之处在于马远将山水和花鸟做了简单的结合。幽僻的崖谷下，嬉

水画（秋水回波、黄河逆流）

戏在涧水中的野鸭安闲自在，有的潜水觅食，有的梳理羽毛，好不自在。野鸭形象真实，动态各异，相互间的情感关系被描绘得温馨动人。左侧盛开的梅花勃勃地嵌于山石间，梅花与野鸭相互呼应，彼此共同存在，这是大自然给予的和谐之美。

梅花和溪水的画法，马远创造性地运用了画山水时所用的笔法。马远的花鸟画布局灵巧，图中的右上角与左下角形成一个对角线，画面的主要构图都在这一对角上，这样的方法可以顾及每个景物的细致描写。马远的花鸟画摆脱了北宋院体花鸟画重于装饰性的重彩满填的结构，更注重对空间的灵活应用，虽然是小画幅，却能表现出无穷的旷阔之感。

马远对画水非常有研究，而且造诣颇深，这一点在他的画作《水画》中

可见一斑，如果说《寒江独钓图》是对视觉、意境的营造，那么《水画》就是马远对水之性情的表达了。

《水画》为绢本设色，现藏于北京故宫博物院，共有《波蹙金风》《洞庭风细》《层波迭浪》《寒塘清浅》《长江万顷》《黄河逆流》《秋水回波》《云生苍海》《湖光潋滟》《云舒浪卷》《晓日烘山》《细浪漂漂》等12幅，《水画》每幅题为宋宁宗赵扩皇后杨氏所书。马远用不同的笔法画不同环境下江河湖海的12种不同水状，把水的平静、旷远、炫奇、汹涌、奔泻以及微风拂动的涟漪荡漾画得奇异多姿。李日华在看过《水画》后惊叹"马公十二水，惟得其性，故飘分蠡勺，一掬而湖海溪沼之天俱在"。马远用他高超的画技将水的变换百态展现得淋漓尽致。

《黄河逆流》选取黄河在入夏后呈现的奔腾咆哮的壮观景象，画面构图不稳定，呈上升的运动感，线条颤涩，若断若续的用笔，明暗突兀的起伏，把黄河之水特有的浑浊厚重、喧嚣沸腾的特点鲜明地表现了出来，使人立刻就想到黄河那桀骜不驯的性格。

《秋水回波》与《黄河逆流》恰恰相反，这是个极其文静的"姑娘"，恬静的她正在那里波澜不惊地享受着上天赐予的高贵。此画中的湖水安逸疏朗，那天际线遥遥可见，细细的波纹将它越推越远，这意味绵长的艺术境界正是出自马远之手。

明代曹昭在《格古要论》中称马远的作品"全境不多，其小幅，或峭峰直上而不见其顶，或绝壁直下而不见其脚，或近山参天而远山则低，或孤舟泛月而一人独坐，此边角之景也"。这句话到位地概括了马远山水画别具一格的构图特点。

马远的出现改变了五代北宋以来山水画的全景式构图，他只截取景观一角。从马远的作品中可以看出，他的构图相当简略，那些景物往往从画外穿插而入，比如《梅石溪凫图》就是这样，以偏概全，以小见大，以少胜多，小中见大。马远独创的这"一角"之体，对物象的突出刻画更加深刻，将复杂景物进行高度概括截取、主体明确。

马远为什么会有这种风格呢？这还得提及宋代理学，在这种风气下，不管是诗还是画，大家倾向简洁，极少用长篇大论来抒情以及描写山水之景，而多是只取得片刻景象，用稀言妙语，便可把这境界表达出来。理学中对"小"与"大"的深刻理解，用"以小观大"来总结，一点儿也不过分。将自己置身于自然中，全身心投入到体味自然多变的姿态中去，生生不息的自然生命力，强烈影响艺术家的创作心境。主与客、情与景、意与象的均衡和谐，在有限的画面中生发出无限的意向。

如果意境是所有中国画家所追求的极致，那这条通往意境的路必定是艰辛的，谁都意识到了这一点。先不说是不是画家，就仅仅作为一个人，这坚韧的执着是要能看见的，人本身就是潜力，知道自己想要什么，然后奋不顾身。马远将中国画的意境理解得很透彻，或许不是因为他特有的天分，就仅仅是喜欢到无法放弃。在自己喜欢的事物上有所造就是再幸福不过的了，可是又有多少人知道自己要什么，又有多少人愿意从一而终。

赵孟頫（1254—1322）
独自呐喊的遗民

　　他在复杂、尴尬的环境中寻找自己的生存价值，在得与失之间选择他的人生走向。以宋朝嫡系后裔的身份游离在元朝朝野，他异于常人的隐忍与智慧"保佑"着他在官场上的风生水起。大家对他的"失节"褒贬不一，但他在元代艺术领域的泰斗地位是不可撼动的。"书画同源"，他以书法的技巧融入绘画的运笔之中，追求文人所向往的笔墨情趣；"存古意"，取精弃糟、追求艺术的创新与个性。他的绘画理论、艺术才华与独特魅力为后人、为中国艺术留下了不可替代的瑰宝，他就是赵孟頫。

　　历来人们对赵孟頫就争议颇大，从他的政治生涯到艺术成就无不受到时人和后人的质疑与诟病。赵孟頫于1254年出生在贵族世家，1322年逝世在老家浙江湖州。他是宋太祖的第十一世孙，元代著名的绘画家、书法家，字子昂，号松雪道人、水晶道人等。身为秦王赵德芳之后的赵孟頫（说秦王赵德芳大家可能不太了解，但大家肯定知道，在宋朝与杨家、包拯联系密切的八贤王，八贤王也就是秦王赵德芳）。赵孟頫是一位集"官二代""富二代"于一身的少爷，但他没有游手好闲，也没有无所事事，他自幼聪慧好学，勤奋刻苦，对自己的要求极其严格，虽没到头悬梁、锥刺股的地步，但夜夜挑灯攻读圣贤书还是经常可见的。人人艳羡的显赫出身使他这一生充满了尴尬、纠结与无奈。这种隐忍、拘谨我们在他的作品中可以明显的感受到。赵孟頫的父亲去世时他只

赵孟頫自画像

有11岁，他的母亲邱夫人是偏房，邱夫人告诉赵孟頫说："孩子啊！你得好好学习了。不然，你是没出头之日的，我也就完了。妈全靠你了！"本来就挺懂事的小孩更加地努力，不仅学习经济、政治、诗歌、文学、书画，同时还学习法律、音乐，说他是全才估计也没人敢反驳。一个11岁的孩子就肩负如此沉重的担子，着实让人心痛。

1267年，年仅13岁的赵孟頫参加了当时的科举考试。本来按照宋代的世袭制度，赵孟頫在他爹死后是有官职继承的，他完全可以凭借着这一官半职舒舒服服地过着日子，但他却顶着压力，废寝忘食地奋斗两年参加"高考"。由此可见赵孟頫在年幼时期就挺有志向与抱负，不仅有主见，还一步步地实现了。"高考"后的赵孟頫得到了升迁，过了一段安逸闲适的生活。

可是好景不长，1276年，赵孟頫22岁这一年，他的命运发生了翻天覆地的变化。在蒙古人的铁蹄下，南宋灭亡，赵家的江山没了，赵孟頫也从皇家贵族沦为亡国奴。上天的安排怎么抵抗！他只得带着家眷回到老家湖州。邱夫人看到闲居在家无所事事的儿子很是着急。这时老人家语重心长地对赵孟頫说："圣朝（元）必收江南才能之士而用之，汝非读书，何以异于常人。"赵孟頫听后很受启发，重拾信心发奋努力，在这一时期，赵孟頫的绘画、书法、诗文都取得了很大进步，这也为他以后人生轨迹的转折埋下了伏笔。果然，元世祖忽必烈为了巩固元朝政权，笼络民心，尤其是安抚南方汉人，下诏要搜罗"江南遗逸"。1286年，赵孟頫三十多岁，经过十多年的沉淀更加突显其男性魅力，不仅才气英迈、神采奕奕，外表也是相貌堂堂、帅气逼人，已然是"声闻溢涌，达到朝上"，在行台侍御史程钜夫南下搜寻的二十名"遗逸"中，赵孟頫"居首选"，在大都更是得到忽必烈的亲自招待，忽必烈对这个才貌双全的赵孟頫大为称赞，说他是"神仙中人"。此后，元朝多位皇帝对赵孟頫宠爱有加，赵孟頫的官路也是节节高升，尤其是仁宗爱育黎拔力八达将赵孟頫比作唐代的李白、宋朝的苏轼，赵孟頫的官运在这个时期达到了他人生的最高峰：官居一品，推恩三代。

以先朝贵族身份受到当朝政权重视的现象在中国历史上是不多见的，不论是自己的"气节"，还是新政权的排挤，都使得这一不可调节的矛盾体不能长久合作。赵孟頫却能在元为官36年且官至翰林学士承旨，从一品，这不仅要承受汉人与蒙古人的混合双打，还要他自己进行自我的欺骗与安慰，可见其交际能力及抗打压能力的强大。

在这看似风光实则尴尬的36年为官之路上，赵孟頫经历的苦闷、孤独、忍耐与坚持，不是谁的一句"感同身受"就能体会的。有时候让人不得不思考：赵孟頫的母亲为什么会给她儿子说那么一句话。今天，我们可能还无法完全理解前朝遗民就职现政府这种事，更何况在那个"气节"高于一切，讲究君君臣臣父父子子的封建社会里，她就没有想到"气节"二字，没考虑到这样一来让她儿子如何面对赵家的列祖列宗，如何面对世人的唾弃！是该称赞她有先见之明、识时务，还是该怪她遗忘了国仇家恨？

在杨家将的故事中，金沙滩一役杨业惨败，随后又遭奸臣潘仁美的陷害，英勇忠烈的杨门七将加上杨业，仅剩下逃出来的杨延昭和"人不人鬼不鬼"的杨四郎。杨四郎不可以战死沙场英勇就义吗？他不可以和他爹一样以死明志、卸下身上的责任吗？干吗要忍辱负重地活下去？一条生路一条死路，在生与死之间，有时候苟活着比死更痛苦。"所有的人都骂你，所有的人都恨你，暗无天日，人不人鬼不鬼，你能承受吗？"杨四郎回答："我不知道。"是啊，不到最后我们谁都不知道这样的摧残、折磨是否坚持得下去、是否能忍耐到最后，但现在我们知道，赵孟𫖯做到了！他只是一个手握笔杆子的文人，与杨家将不同，况且宋朝已亡，大势已定，难道要他拿着一杆笔去反一个朝廷？面对现实他没有逃避，那种隐居闲适的生活谁都想过，而赵孟𫖯尽自己最大的努力按自己的方法，牺牲小我成就大我。

1290年，大都地震，死亡达几十万人。元朝丞相桑葛不顾汉人死活依旧照常征税。当时的许多百姓饿都快饿死了，哪还有能力交税？他们就想，横竖都是死，还不如早死早解脱，好多人都在闹自杀。赵孟𫖯知道找桑葛给汉人免税是说不通的，他就冒着风险越级直接找到最高统治者忽必烈，事情办妥，他自己的麻烦也降临了。桑葛很恼火，这不仅是坏了他的生财门路，最主要的是桑葛觉得作为最低等的汉人在挑战他的尊严。赵孟𫖯不能与他硬碰硬，他就跟桑葛说："丞相大人，今年是天灾，百姓确实交不上东西，您若是强行地征税只会逼迫百姓逃走或自杀，这样以来，不仅今年收不到东西，将来更不会收到，时间长了迟早会有人算到丞相的头上。"桑葛一想确实如此啊！从此桑葛不再处处排挤赵孟𫖯，反而很照顾他。由此可见，赵孟𫖯在元朝官场处处为汉人谋利，在夹缝里生存，左右逢源。不同的人有不同的选择，他的选择不是那种激昂的抛头颅、洒热血，而是在隐忍后用他自己的力量照顾汉人。死，何其简单，但这又能换来什么？

　　赵孟頫的仕途经历对他的绘画技法影响是巨大的。身为宋朝皇室却担任元朝官职，尽管当政者对他很是偏袒，但他肩负的对宋室不忠的非议及朝廷上危机四伏的环境，决定了他不能潇洒清脱、率意而为，必得处处小心谨慎。他将无所发泄的情感隐晦地融入绘画中，显现出笔墨圆润、工整缜密、古雅和婉的艺术风格。这种风格是他当时所处的环境和时代的外在显现，是他思想的深度表达，这也是文人惯用的手段。艺术家只有面对现实并将自己的思想表现在作品中，才会有自己的独创性和个性，即便是相同的题材，所表达出的精神世界也是截然不同的，这才能被称为"艺术家"。

　　在绘画理论上，赵孟頫主张"书画同源"。俗话说：见字如见人。从一个人所写的字可以看出他的品德、修养及其学识等内在素养。同样，绘画也可以通过笔墨韵味反映一个人的情趣追求、价值取向和审美标准。"书画同源"将书法的技巧融入绘画的创作之中，赵孟頫的字在书法史上也是很有名气和地位的，被称为"赵体"，与欧阳询、颜真卿、柳公权同列为"楷书四家"，这也为他"引书入画"建立了绝对优势。赵孟頫在他的《秀石疏林图》中题诗："石如飞白木如籀，写竹还应八法通。若还有人能会此，须知书画本来同。"这是他对"书画同源"最直白的表达。这种表现型文人情趣的创作理论开创了中国艺术创作的新风向，对后代绘画发展、艺术家审美追求产生了广泛的影响。

　　其实最早提出"书画同源"的并不是赵孟頫，在《秀石疏林图》之前，鲜于枢在王庭筠的《幽竹枯槎图》中曾题跋："古之善书者必善画，盖书画同一关捩。"赵孟頫与鲜于枢经常以"短信"或面谈的方式交流自己的观点，二人也逐渐地"契合无间言，一见同宿昔"，成为志同道合的"闺蜜"。赵孟頫将他们的思想系统化、具体化后，逐步形成了"书画同源"这一艺术理论。

　　"存古意"是赵孟頫的另一绘画主张。我们知道，宫廷绘画昌盛在宋代，尤其是南宋的院体画风，讲究色彩艳丽，装饰性很强，人物描绘严谨入微，迎合了贵族的爱好，但艺术家的思想、个性却被束缚。进入元朝，先朝文人排斥元朝统治，他们追求"士气""骨气"，大多隐居山林不与朝廷合作，向往自由高逸、雅儒清闲的精神境界。赵孟頫没有机会实现隐居山水的愿望，因此他对文人画那种不落俗套、自由率真、写意得韵的笔墨情趣更加向往。他对南宋院体画风的柔媚画风强烈反对，他提倡"存古意"，主张"作画贵有古意，若无古意，虽工无益。"尽力摆脱形式上的华丽、精细、工整，力求艺术家的独立思想融入绘画创作，富有感情地表达情感，做到"一览而意不尽"。这种推崇唐、五代、北宋时期文人情趣的艺术主张也为元代绘画开创了一个新的领域，促进了文人画写意风格的发展。

赵孟頫倡导"引书入画"的技巧与"存古意"的意境，师法董源、巨然、郭熙等，笔法厚实稳重、古朴典雅、简单温润，摒弃了南宋院体画的艳丽、严谨。尤其是在山水画上，以简释繁将书法融入绘画，在传统书法中寻找与绘画运笔的统一，用技巧表现意象，使形式美与意象美结合，从而更好地表达艺术家的主观世界。赵孟頫的作品大多具有唐代或北宋的绘画特征，多以渴笔入画，富于变化，设色清幽淡雅，呈现出清雅、工整、高逸、疏放、柔和的艺术风格。主要代表作品有：《秋郊饮马图》《鹊华秋色图》《人骑图》《红衣罗汉图》《重江叠嶂图》《双松平远图》等。

《秋郊饮马图》是赵孟頫倡导"古意"的代表作。此图为绢本设色，纵23.6厘米，横59厘米，是赵孟頫晚年的作品，现藏于北京故宫博物馆。《秋郊

秋郊饮马图

饮马图》整体画风清新高远，自然雅致，色彩清雅。画中10匹骏马或静或动，或饮水或吃草，或低头思考或抬头顾盼，形态各具，匹匹雄姿英发，神情自若很是惬意，画面中对太阳光线的把握很到位，我们可以清楚地感受到阳光是那么温暖和煦，嫩绿的青草、欢快的风声不由得就想到了"郊游"二字。画中红色长袍牧马人就像是整幅画作的点睛之笔，黑与红的对比，使红的色彩更加明朗，与人物的闲适神怡相呼应。从近景一湾清澈湖水、青绿的草地与岸边苍劲傲岸的红枫、绿松可以看出作者引书入画的痕迹，线条苍劲工细、凝重浑厚，苍逸中又不失淡雅，将青绿与水墨完美的结合在一起。

其实在整幅画中意韵最深的要数画面的章法了，"画有尽而意无穷"的文人情趣在画中展现得淋漓尽致。虽然画面右紧左松，但不论是人还是马都朝着左面前进，尤其是远方两匹互相追逐的马，一直这样跑下去，直到消失在画面上，突显出画面的无穷意境，有了无限的遐想，空间感更加突出。这奔跑跳跃着的骏马给整个画面带来一份轻松、欢快。

《鹊华秋色图》作于1295年，纸本设色，纵28.4厘米，横93.2厘米，现藏于台北故宫博物院。《鹊华秋色图》是赵孟頫将"引书入画"这一理论运用到实践中的代表作。整体画风古朴典雅、自由疏放、清幽秀美。画中描绘的是济南郊外鹊山与华不注山的秋景，以写实为主，但又与南宋院体山水画精细工整、刻画工巧力求以景物为主题的写实不同，《鹊华秋色图》对景物的再现，增加笔墨与主观的表现，多了份天真自然的趣味，这种趣味是中国山水画由写实到写意的转折，是元代直至明清文人对山水画所追求的意趣。画中两座山截然不同，右边的山双峰俊俏，高耸笔直，在整幅画中"鹤立鸡群"，而左边的鹊山则是圆厚的平峦。在两山遥遥相望之间平野辽阔、水路环绕、古树成林、垂柳婉转，散落的房子隐藏其间，若隐若现，似乎还有渔夫在悠闲地撒着渔网，羊群点缀其中，一切都显得安详宁静、亲切平和。

在《鹊华秋色图》的绘画技巧上，赵孟頫独创了"荷叶皴"的笔法来表现亲切熟悉的江南风景。画面淡设色，水墨层层渲染，在简单浅淡中抒发他的简率和对江南山水的喜爱。《鹊华秋色图》中赵孟頫对笔墨书法化的运用自然、

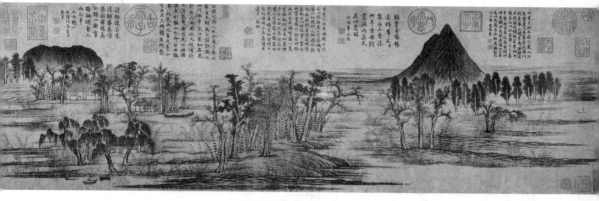

鹊华秋色图

独到。大面积的树木或疏或密，在墨的浓淡、线条的简洁明快、运笔的走势中疏密有致、姿态各异。

　　说起《鹊华秋色图》，我们不得不提到一位至今名声大震的作家——周密。当时周密正在写一部书，需要了解济南的情况，但他从来没去过济南，就找到了曾在济南做过官的老乡赵孟頫，赵孟頫对周密尽心尽力，说不清的就画出来，《鹊华秋色图》就是在他热心下"一不小心"流传下来的佳作。

　　关于《鹊华秋色图》，还有一个与乾隆有关的故事。乾隆帝对《鹊华秋色图》很是喜欢，南下时经过济南就拿着画卷与实景对观，突然发现，华不注山在鹊山的东面，与题款的"其东则鹊山也，命之曰鹊华秋色图"相反，可见皇帝是多么心细如尘。但我们在惊讶乾隆的心细时也不由意识到，赵孟頫在忠于事实的情况下用平实、简率的笔法，自然而然地展现出生动不凡的江南美景，着实令人佩服。

　　赵孟頫一生创作了大量的绘画精品，传世的都被人们视作珍品妥善保存。现知道的有：北京故宫博物院藏的《秋郊饮马图》《水村图》及《人骑图》，台北故宫博物院藏的《重江叠嶂图》《牧马图》和《鹊华秋色图》，上海博物馆藏的《吴兴清远图》和《东洞庭》，辽宁省博物馆藏的《红衣罗汉图》，美国普林斯顿大学美术馆藏的《幼舆丘壑图》，美国大都会艺术博物馆藏的《双松平远图》等。

　　今天，我们从冷静、理性、客观的角度再去欣赏赵孟頫的作品，就由衷感

红衣罗汉图

人骑图

叹他在艺术上的修为绝对是当时的佼佼者。今天人们越来越推崇他的作品，国际天文学会还鉴于赵孟頫在美术与文化史上的成就，于1987年以赵孟頫的名字命名了水星环形山，以纪念他对人类文化史的贡献。

黄公望（1269—1354）
"晚来风急"

　　说黄公望所带来的效应是"晚来风急"是一点儿也不错的，五十多岁才开始专心学画的他，深受众多山水画家的崇拜与效仿，他的一幅《富春山居图》集合他毕生的绘画经验与人生态度。出家并不代表心无所想，他用他的平和安静给画坛、给每个人的心里灌注了一份思考与感悟。他的一生就像是一位慢走的老人，寻得一丝波澜便是惊奇、便是感悟。黄公望的艺术之路是传奇的，也是孤独贫穷的。

　　黄公望，原名陆坚，元代著名画家，字子久，号大痴，后又号一峰道人。与吴镇、倪瓒、王蒙合称为"元四家"。代表作有《九峰雪霁图》《丹崖玉树图》《富春山居图》《水阁清幽图》《江山胜览图》等。作为"元四家"之首的黄公望可称得上是后世竞相临仿和崇拜的实力派偶像，甚至还出现了"人人子久，家家一峰"的盛况。

　　黄公望一生都过着清贫的生活，对他绘画风格产生影响的原因之一便是"清贫"二字。黄公望的艺术风格可以分为几个阶段：第一阶段是他刚开始学画的时候，那时的他还没有形成自己的风格，属于羽翼未丰阶段，懵懂的他深受赵孟頫的影响。第二阶段，他融会赵孟頫、巨然和董源等各家画法的精华。这个时期的风格与之后相比较有很大不同，因为这个时候他对作画的理解还处

九峰雪霁图

在对形的注重，对形进行严谨和真实的把握。第三阶段，画到熟时该出师了，那个时候他有七八十岁。黄公望的绘画之路可以说是一个传奇，五十多岁才开始专心学画，还能在活着的时候享有盛名，的确令人佩服，这也说明他在绘画上确实有天赋，王逢说黄公望是"十年不见黄大痴，笔锋墨沈元气垂"，屌丝三日都能逆转，何况是黄公望的十年之久。这时的他正努力形成和发展自己的绘画风格。此时期的代表作主要有《九峰雪霁图》《丹崖玉树图》《山村暮霭图》，还有现藏于大英博物馆的《层峦叠嶂图》等。这些作品与以往不同，他摒弃了之前的严谨和细密的风格，放得开，追求将画赋予更多的气韵和神采，为了不拘泥于表现对象的形式，黄公望将诗、画和书法融为一体。

他的画处处透露着萧疏闲适的美感和平淡淳朴、闲逸的隐士风韵，这又慢且静的人生态度源于他经历那水一般温和却煎熬的一生，再有便是和他晚年崇仙慕道的思想有密切联系，画中的趣雅映照出他那超然出世的心境与态度。

黄公望小时候很聪明，又勤奋好学，爱看书，以至他在青年时期就享有"精诗文，通音律，长词短曲落笔即成，人皆师尊之"的美誉。黄公望的为官之路还是挺坎坷的，24岁时，浙西廉访使徐琰辟为书吏，35岁左右，又于中书省监察御史张幕下任吏。他本以为可以平平淡淡地过完余生，却在1315年遭到突变，张因扩田逼死九条人命，黄公望被牵连入狱，由于黄公望为官时本就清贫不贪，在这件事上黄公望确实没参与，不久便获释了。可是坐了五年牢的他出狱后已近五十，仕途无望，而且他对当官也没了兴趣。可没有工作就没有生活费啊！生计问题让黄公望当起了算命先生和教书匠。出狱后接受朋友杨仲弘"世故无涯方扰扰，人生如梦竟昏昏。何时再会吴江上，共泛扁舟醉瓦盆"的劝导，绝望之中的他加入了新全真教，此后他改号"一峰"，悠闲地过着隐士生活，云游四方，浪迹天涯，修身养性于绘画中，力图在笔墨中找到平和安定的生活归宿，并且在绘画上渐入佳境。

明人张丑在《清河书画舫》中说："大痴画格有二：一种作浅绛色者，山头多岩石，笔势雄伟；一种作水墨者，皴纹极少，笔意尤为简远。"浅绛山水和水墨山水便是黄公望在成熟时期的两种山水画表现形式。浅绛山水画法的代表作有《丹崖玉树图》。《丹崖玉树图》以墨笔渗色绘制，画中那山峦石壁的线条像游丝一般飘浮在山间。以浅赭、藤黄着色罩染画面，看上去淡雅清丽。画中有崇山峻岭，烟雾缭绕在山间，一位高士挂杖悠闲地走在路上。清代吴修有题黄公望此格山水的诗句："赭色微黄画里春，墨青墨绿染精神。"黄公望在他的《写山水诀》中对浅绛技法有所描述，他说："画石之妙，用藤黄水浸入墨笔，自然润色……间用螺青入墨，亦妙。吴妆容易入眼，使墨士气。"正是浅绛山水的润才赋予了画作"使墨士气"的精神。

第四阶段是在他80岁以后，可能是因为人越老越追求简洁的缘故，他晚

丹崖玉树图

年时的作品比之前更简练、更精到，而最能代表他艺术风格和个性的作品是《富春山居图》。《富春山居图》为纸本长卷，纵33厘米，横636.9厘米，描绘的是现在浙江富春山一带初秋时的美景。这幅作品花费了黄公望将近七年的时间，始作于1347年，直到他逝世前才完成，可见他为这幅画付出的心血。清代恽寿平在《瓯香馆画跋》中对此画有这样的感叹："凡数十峰，一峰一状；数百树，一树一态，雄秀苍茫，变化极矣。""元四家"之一倪瓒评价他："大痴画格超凡俗，咫尺关河千里遥。"这些在《富春山居图》中都得到了证实。

构图上，黄公望将平远、高远、阔远法交替经营位置，展现了富春山的壮丽和雄伟。为了追求宁静平淡的意境，他舍弃了富春江两岸的奇峰怪石，而描写浑圆缓和的山体。此画在元代文人画中确是

富春山居图（局部）

一幅由真山真水提炼而来的杰作。整幅画面明净疏朗，秀润清爽，充分发挥了画家的笔墨意趣。明代李日华《六研斋笔记》中说黄公望"终日只在荒山乱石丛木深筱中坐，意态忽忽"，估计只有这种清幽闲静的心态才能画出这样意境闲逸的画作。此时黄公望已拥有自己独特的画风，笔墨也甚是高妙，他变化发展董源的风格，去其繁皴，瘦其形体，山头上加入垒石，将平坡横切而去。

当年，弘历得到一幅假的《富春山居图》（现在被称为"子明卷"），此画是明末文人临摹真迹"无用师卷"，这人为了钱不择手段，去掉了原作者的题跋，还伪造了黄公望的题款，到了第二年，真的"无用师卷"进宫了，可是弘历一边说这幅是假的，一边掏钱把这"无用师卷"买了下来，理由是画得还不错。弘历让大臣们来观看这两幅画，大家都看出了哪是真哪是假，就是不敢说，还一直夸皇上真是热爱艺术啊，胸怀宽广得连真假都不在乎。其实"子明卷"有个很大的漏洞，元代书画上作者题款都放在所画对象之后，而"子明卷"却将作者题款放在了画面上方的空白处，这明显不符合元代书画的特点。在将此画编入《石渠宝笈》时乾隆还说"无用师卷"的"坏话"，直到1816年胡敬等奉嘉庆帝编纂《石渠宝笈三编》时，《富春山居图》"无用师卷"始得正名被编入，洗去尘冤。真品被分为"无用师卷"和"剩山图"两部分，这是因为在清顺治年间，此画被吴府收藏，主人死前恋恋不舍这幅画，要焚了它陪葬，危急关头，他的侄子跳出来救下了这幅画，此画才逃过此劫。这颇具坎坷经历的名画终于在2011年6月1日，在台北故宫博物院再聚首，分离了360多年的《富春山居图》虽被烧坏一部分，但它的艺术价值不容小觑。

藏于南京博物院的《水阁清幽图》是黄公望在81岁高龄时作的一幅水墨山水画。《水阁清幽图》为卷轴纸本，纵104.5厘米，横67.3厘米，画中的山峦跌宕错落，丛林中一湾河水川流不息，围绕着藏在山中的房屋蜿蜒漂在眼前。再看这饱含晨露的树枝，郁郁葱葱地摇曳在溪岸边上，蒙蒙的山中处处透露着深幽空灵的意境，青翠欲滴的枝叶为空蒙的山间添了一丝活泼。这清净平和的世界只有心里安逸的人才能创造出来，黄公望的超脱飘逸使得他的画能够脱离尘世在自然中寻得平静中的愉悦，这也正是他的审美意识和艺术态度的表现。

黄公望的作品不求形似，但求将神能充分地表现出来，在技法上突破了宋代院体画的规范，将形似与写实放在很次要的地位，着重强调人的意识。他认为画应去"邪、甜、俗、赖，画一窠一石，当逸墨洒脱，有士人家风，才多便入画工之流矣"。"士人家风"即文人画的作风。"士人家风"的提出，阐明了文人画的特色，也说明了文人画在元代得到了成熟的发展，体现出元代的审美理想有了新追求。而邪、甜、俗、赖这四个字的意思分别是："邪"是不合理法、"甜"是缺少意趣、"俗"是没有士人家风、"赖"是泥古不化。

历史上对黄公望的师承说法很不统一，有人说他师法董源、巨然，也有人认为他画学荆浩、关仝。黄公望的山水画主要是脱胎于董源、巨然和赵孟頫。在他的《写山水诀》中对各派都有所介绍。黄公望是一位集各家所长于一身的

水阁清幽图

聪明人，有着自己独特的风格。但是值得肯定的一点是，他晚年的画作偏重于董源、巨然的风采和神韵是毋庸置疑的。

黄公望的艺术造诣不只是停留在绘画上，他的《写山水诀》是一本深受山水画家推崇的画论，这本画论主要是论述山水画的具体画法，被认为"山水画之秘要，殆尽于是"，在书中，黄公望对山水画技法做了总结。

在设色上，黄公望比较看好吴道子的"吴装"，认为色彩简单并且用笔雄劲有力的"吴装"更"容易入眼"，为了追求画面自然，重点强调要淡着色。黄公望还很重视写生，只有深入大自然中才能感受到山水的真谛和无穷变化，山水画中的神采与气韵只有在真山真水中才能获得。

作为黄公望艺术实践和生活实践的结晶，《写山水诀》的意义不只在于理论作用，这篇作品是画家对绘画艺术的负责，是对理论的重视与推崇，后人认为"得南宗论画之真传"，《写山水诀》也是"后人学画之科律"。黄公望在《写山水诀》中说："松树不见根，喻君子在野，杂树喻小人峥嵘之意。"这句话表达了黄公望的节操意识，他鄙视勾背乞巧的软骨文人，赞美节操高尚不屈的知识分子。虽说黄公望晚年崇道，这并不代表他是消极地对待一切，这也正体现出他朴实正直的秉性。

黄公望在中国画坛占有极其重要的位置，在中国山水画的发展道路上具有里程碑的意义。黄公望开创了元代山水画以意构景、以趣运法、因心写意，超凡脱俗的新境界，这标志着元代山水画法的成熟，也对元代和后世的文人山水画产生了深远的影响。明清之际的山水画派在师承上是不能跃过黄公望的，近代的郑午昌、黄宾虹、张大千等都或多或少受到黄公望的影响，同时，他对整个中国山水画的发展起到了至关重要的作用。

作为中国文人画范畴的关键性人物，黄公望不仅确立了元代文人画的美学理想，更将其艺术思想和艺术风格延续至今，为人所用。黄公望的人生经历正如他的画一般，给浮躁不安的世界平添一份祥和平静，也给今天的画坛带来启发与思考，感谢他的作品带我们走入隐逸灵动的别样世界。

倪瓒（1301—1374）
宁做洁癖狂，不为宦海鬼

倪瓒，有异于常人的洁癖，也有异于常人的画风，正是那种冷傲清高的性情，多少人拜在他的"石榴裙"下。观倪瓒的画，总能让人无端的安静下来，体会喧嚣后的恬静。他与黄公望、王蒙、吴镇并称为"元四家"，对后世绘画具有很大的影响，他的"逸气说"更是给他的人生蒙上了一层清逸洒脱。

倪瓒，无锡（今属江苏）人，与黄公望、王蒙、吴镇并称为"元四家"。初名斑，字元镇、玄英，号云林，又署云林居士、云林子等，别号有风月主人、朱阳馆主、海岳居士、如幻居士、净名居士、沧浪漫士、曲全叟、幻霞子等十余个，《明史·倪瓒传》中记载"倪瓒字元镇，无锡人也。家雄于货，工诗，善书画，四方名士"……其于画、诗、书法皆深得要旨，被后人推崇为"三绝"，尤以画不朽于世。其代表作有《墨竹图》《渔庄秋霁图》《秋亭嘉树图》《梧竹秀石图》《容膝斋图》《疏林亭子图》等。

倪瓒出生在一个富裕的家庭，小时候就显露出他的过人天分，他的老师是著名的道教真人王仁辅，信从全真教。时间慢慢地流逝着，长大后的倪瓒性情清高脱俗，常常"杖履自随，逍遥容止，咏歌自娱"，以致"望之者识其为世外人也"。这估计是家境太好又有道教思想影响的缘故，倪瓒养成了奇特无比、超乎常人的洁癖。

倪瓒为了保持自己文房四宝笔墨纸砚的干净，专门雇了两个佣人擦洗，每当他外出游玩时，就让书童担着两桶茶水，可这倪瓒只喝前面那一桶，这理由居然是担心书童放屁什么的把水污染了，这也没什么。因为他爱干净，所以很少近女色，一次他相中了一个歌伎，便把她带回家过夜，他叫那歌伎一遍一遍地洗澡，总觉得她不干净，那歌伎也就这样洗着，谁让这是倪瓒呢。结果居然洗到第二天天亮，那姑娘直接"打道回府"了。

这洁癖不是一般人能有的，非得那不一般的，就像这倪瓒，他自己能受得了，可有人看不惯啊。这人就是神医葛仙翁。一次，倪瓒的老母患了急病，忙差佣人去请葛仙翁，这葛仙翁就想，你不是洁癖爱干净么？这回好好整整你。葛仙翁对佣人说："你把你家那匹白马牵来，我骑着这马才去。"佣人回家给倪瓒说了，倪瓒一看这下雨天的骑白马，很是痛心，可是母亲需要治病啊，便让佣人把马牵了去。葛仙翁总算是来了，可来了没直接去医治倪瓒他妈，而是在找一个叫"清閟阁"的藏书楼，他拖着满身的泥巴径直上楼，在屋里大闹一通，纸笔扔地上，书籍满天飞，你这藏书阁这么多好东西，不信你不再上来。倪瓒在楼下咬牙切齿，心痛不已。葛仙翁下来看倪瓒没怎么着，便去给倪瓒母

竹枝图

亲看病。这葛仙翁到死也不会知道，倪瓒自那以后再没有上过"清闷阁"，每日只远远望着。唉，这又是何必啊！

　　快乐是偶然的，悲伤总是来得那么快。元泰定五年（1328年），倪瓒长兄倪昭和他的老师王仁辅相继去世，倪瓒也结束了他"阔少"的生活。被悲伤笼罩着的倪瓒只好借助绘画来平息自己的哀痛。他潜心于绘画，并在绘画上很有成就。他起初师法南唐的董源，后来又借鉴荆浩、关仝的风格和技法，独创山石"折带皴"画法。倪瓒汇百家之长，形成自己的艺术风格，终成画坛大家。在之后的三年里，倪瓒接连创作出《渔庄秋霁图》《六君子》《梧竹秀石图》等精品。与他同一时代的郑元祐在《题元镇画》中说："倪郎作画如斫冰，浊以净之而独清。溪寒沙瘦既无滓，石剥树皴能有情。珊瑚忽从铁网出，瑶草乃向斋房生。譬则饮酒不求醉，政自与物无亏成。"

　　公元1341年，倪瓒做了一个重要的决定，他变卖、分赠了自己的财产，弃家旅行去了。他的踪迹遍布太湖周边地区（宜兴、常州、吴江、湖州、嘉兴、松江一带），住在田庄佛寺，与渔樵僧侣偕同，周南老《元处士云林先生墓志铭》中记述："晚益务恬退，弃散无所积，屏虑释累，黄冠野服，浮游湖山间。"这样的日子也不是不行，悠闲自在，无牵无挂，是画家最需要的，那种隐于山林的安闲在今天怕是做不到也找不着喽。现如今或许有人决心归隐，可是归隐的地方到了节假日，那叫一个热闹啊！

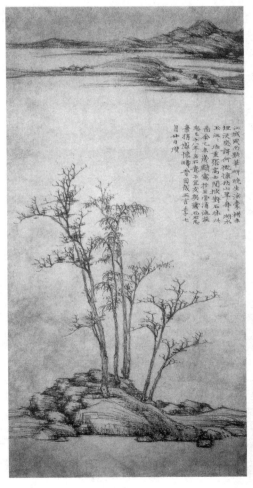

渔庄秋霁图

秋亭嘉树图

当倪瓒跨过48岁后，对佛教的崇拜日益虔诚。48岁对于一个男人而言，没有了年少的闹腾，有的是多年沉淀后的沧桑，不可小看这男人的沧桑，对于倪瓒这种蔑视权贵的清高大叔来说，这可是能给他画作带来意蕴的重要因素。倪瓒的性情此时是愈发的怪异，他偏好画一些疏林坡岸。他主张"逸笔草草，不求形似，聊以自娱"，"聊写胸中逸气"。绘画在倪瓒眼里就是抒发情致的好东西，其实它不只是个东西，此时的绘画在倪瓒眼里就是一种精神、一种生活方式。元代水墨山水画到了倪瓒这儿可谓是登峰造极。

倪瓒一生不入仕途，一心只为"邀明月"，放话"予生不为王门画师"，可见倪瓒是一个如此专心的汉子，其他人也只能默默地望其项背吧。恽南田在《瓯香馆画跋》中说道："元人幽亭秀木，自在化工之外一种灵气。惟其品若天际冥鸿，故出笔便如哀弦急管，声情并集，非大地欢乐场中可得。"倪瓒改变古法，将幽淡萧瑟的意蕴作为主打歌，构图新颖。

1356年，张士诚攻占平江（今苏州）后，派他的弟弟张士信拿着厚礼去拜访倪瓒，邀请倪瓒入朝为官，倪瓒将他拒绝。1367年，朱元璋占苏州后，也曾诏倪瓒辅政，仍拒之不就，所以他享受了"高士"这一尊称，大家伙都称赞他"气采愈高，不为谄曲以事上官，足迹不涉贵人之门。与世浮沉，耻于衔暴，清而不污，将依隐焉"。其实，倪瓒这"邈矣不可攀"的处世，让他省了不少麻烦，在这动荡的年代，今天你是王、明天我是主的更替节奏谁能跟得上，接受了张士诚的邀请，等到最后朱元璋来了，该往哪儿逃啊。

《秋亭嘉树图》为纸本墨笔画，绘山水、树石。图本幅右上有倪氏诗题"七月六日雨宿云岫翁幽居。文伯贤良以此纸所画，因写《秋亭嘉树图》并诗以赠。风雨萧条晚作凉，两株嘉树近当窗。结庐人境无来辙，寓迹醉乡真乐邦。南渚残云宿虚牖，西山青影落秋江。临流染翰摹幽意，忽有冲烟白鹤双。瓒"。图上方诗塘有明吴宽及朱果诗题。吴宽诗题为："千年霜月积灵气，结人倪郎手与心。一掷便归天上去，人间留影尚森森。云林此幅与其诗皆精妙，盖其得意笔也，漫为题之。"朱果诗题："云林漫写云林意，笔底纵横妙入神。多少洛阳骑马客，千年空作草间尘。"上钤有明朱之赤、清宋荤及

梧竹秀石图

乾隆内府诸鉴藏玺印。

《梧竹秀石图》现藏于北京故宫博物院，是倪瓒代表作之一。乾隆在此画上的题跋所云："梧如遇雨竹摇风，石畔相依气味同。数百年来传墨戏，展观湿润镇漾漾。"的确是这样，就算是一瞥此画，那种凄凉、哀怨之气深深浸入心扉，袭击着脆弱的灵魂，能够感受到倪瓒的那些失去拥有的失落，虽时时记挂，却心知肚明，这些已经回不去了。中国画的动人之处便在于此，感动着甘愿心疼的观者，远离尘世的不甘该如何平息。梧桐本就是一种赋予幽暗气息的植物，或许只有这树、这竹、这景，才能触动倪瓒起了创作此画的灵感。忧伤不重要，憋在心中是多么难熬，该怎样度过漫漫长夜？无法向人诉说的种种言语，只有绘画才是唯一的寄托。倪瓒是优秀的，也注定他是孤独的。

此画怪石浓淡相间，翠竹疏密自然，与梧桐的虚实关系被处理得极富层次，画中充满了清幽气息。从倪瓒的这些作品中，都能体现出他"逸笔草草，不求形似"的主张。"逸笔"是反对形似、重神似，更看重于主体精神的表达，能够通过这幅作品体现出主体的精神与人格。倪瓒可不是从一开始就有这样的"觉悟"，"见物皆画似"是他一早追求的，也可以看出倪瓒的"画似"是建立在"神似"之上的，这也是倪瓒在艺术发展过程中的一次飞跃。追求"画似"可不是一件容易的事，这里付出要更缜密。倪瓒在为其外甥华子文所作《画谱·画竹》时所云："写竹切不可求精，精则便有工气，余尝写竹树，而观者问余为'何树'？余为之一笑，并图于后，不可法也。""神似"是抓住了思想与内在，一旦过于追求外在的似，只怕是会失去原真的感觉，倪瓒认为此"便有工气"。倪瓒之画，又非完全不似，山水树石，墨竹露叶，皆可寻踪迹，《梧竹秀石图》中的那些怪石、竹子均在把握住外形准确之后才赋予其"精""气""神"。

倪瓒所提倡的"逸气"说与他从小接受道教思想熏陶是分不开的，那深入自然、源于自然的真元气，不只是作品需要，更是需要一道逆光来刺伤对浮华奢靡社会的不满。

倪瓒"写胸中逸气"强调抒发主观意绪，带有明显的诗歌之性。他在一首诗里说："爱此风林意，更起丘壑情。写图以间咏，非在象与声。"风林、丘壑使他产生意和情，作图写诗，只是用来抒发自己的情怀而已，重点不在形象也不在声音。创作主体是否能够脱离创作者这一角色，不为绘画而作画，不为生存而活着。这些，不管是绘画作诗，还是吃饭睡觉，都只是一种寄托罢了。

倪瓒作什么画、该不该作，都是很有讲究的，一不作不能之图，二不作不合题意之图。对于那些自己不熟悉、无感受的景物是不会去画它的，并对那些"必欲依彼所指授"的求画者，他明确表示不得之于心者之画"盖我则不能之"，我画画为什么要按照你的意思去画，那我不成了你的傀儡了么？绘画没有自己的思想与主动性，它存在的价值又是什么？从倪瓒存世的作品看，其画作的布局都有一种"换汤不换药"的调调，往往近景是平坡，上有幽篁疏树，其间点缀茅屋或小亭，中景是一片荒涩的湖水，远景为坡岸山峦，章法极其简约。这个格调的景色是倪瓒十分熟悉的太湖地区，选择一个适合自己的才是最要紧的，这里的景色最适合抒发他那孤寂清高的情感，所以他能够得心应手，神形毕现。倪瓒这么真性情的人，对于那些不能够表现自己绘画特长的客观景物，往往是拒而远之。

倪瓒在清代时期很受欢迎，清代在中国历史上是一次外来人员做主人的时代，对于元朝那些遗民，不说对每个人都是灭顶之灾吧，最少是很不忿啊，这就导致了那些饱受儒家思想影响的文化人萌发了种种不同的反抗手段，有归隐出家的，有殉国的，这算什么呢？怎么看都像是逃避，他们逃到哪里去了？寄情山水、畅游翰墨之香中，只得借这些，自己那些个逸气和品格才能有"用武之地"。恰恰这个时候，有倪瓒这么一个人，他以他孤傲高洁的人品和空灵的画风征服了他们，倪瓒所提出的"逸气"说正符合他们的胃口。他的作品和画学思想将不断地为后人绘画创作提供丰富的营养。八大山人、石涛等名家，无不受倪瓒画风的影响。近代画家陈师曾、黄宾虹等人也都是吸收了倪瓒作品的营养从而形成了自己的风格。

沈周（1427—1509）
看破世俗我自在

　　他的一幅《庐山高图》深入人心，他是吴门画派的始祖，他无心于仕途，潜心在山水间，以此获得自己的"世外桃源"。他桃李满天下、唐寅、文徵明这些大家皆出自他门下。这位与世无争的高人便是沈周，他拥有独享83年的光辉人生，拥有别人一生追求的地位与声誉，他却一如既往，一视同仁。这样一位翘楚老人，是如何看透这纷扰红尘的呢？

　　明朝宣德二年（1427年）十一月二十一日，沈周出生在长洲相城里（今江苏吴县湘城镇），史载其80岁时犹"碧颐飘须，俨如神仙，精神矍铄，作画如常"。沈周字启南，号石田，晚号白石翁，是"吴门四大画家"之首，为吴门画派之始祖。他开创的吴门画派，最终压倒了从明代初期一直占据画坛正宗地位的浙派。吴门画派其余三位为文徵明、唐寅和仇英，唐寅和文徵明皆出于沈周门下。沈周擅画山水，李日华《六研斋笔记》称他的画"初得法于父、叔，于诸家无不漫烂，中年以子久为宗，晚乃醉心梅道人，酣肆融洽"。传世代表作有《庐山高图》《青园图》《秋林静钓图》等，其主要著作有《客座新闻》《石田集》《石田杂记》《江南春词》等。

　　山水之外，沈周兼工花卉、人物、鸟兽，画艺精湛。与他同一时代的王稚登

青园图

这样评价沈周："其画自唐、宋名流及胜国诸贤，上下千载、纵横百辈，先生兼总条贯，莫不揽其精致。""山水、人物、花竹、禽鱼悉入神品。"赞誉沈周是画苑中的全才，样样精通。沈周不仅绘画成就高超，他的书法也是一颗耀眼的明珠，沈周书法学黄庭坚，以行书、楷书为主，笔法紧结茂密、坚实涩辣，笔力遒劲，独具自家风范，晚年书法老辣苍劲，为明代书法家代表人物之一。

沈周从小受家庭熏陶，他的祖父沈澄是元末著名画家王蒙和陈惟允的好友，沈周的父亲沈恒吉、伯父沈贞吉，都是陈惟允之子陈继的学生，两人都精通于经学与绘画。在祖父、伯父、父亲的亲授下，沈周拜陈继之子陈宽为老师，后从师杜琼、刘钰。陈顾在为沈贞吉撰写的《同斋沈君墓志铭》中赞誉相城沈氏："其族之盛，不特资产之富，盖亦有诗书礼乐以为之业……三吴一时论盛族，咸推相城沈氏为之最焉。"沈周的祖父沈澄，在明初永乐年间由于才华出众，曾被征用，本欲授他官职，但他总说自己有病拖延不从，沈澄告诫后辈说：勿以仕宦累身。儿孙们遵守这一训诫，始终不应科举，在家精读书籍，广览名著，结交文士，以研究学问、唱酬诗歌为乐。这一点对沈周的影响很大，在那样的社会状况下很少有人能抗拒出仕的诱惑，然而沈周却最终选择了隐居乡里，沈周一生是在家乡苏州度过的，最远只去过南京。他不应科举，一生未入仕途，不得功名，却是桃李满天下，达官贵人们以拥有他的画为荣幸。不入仕途的他有更多时间让他潜心从事绘画和诗文创作。

沈周的绘画风格可大致分为两大类：一类简称为"细沈"，一类"粗沈"。40岁前，其绘画风格整体看来精谨缜密，构图上布景繁复，结构造型严谨，所画多为盈尺小景，尺幅不大，笔法细劲且尖细挺健。这是典型的沈周早期山水画风格，人称"细沈"。40岁以后，沈周绘画的改变不只是在笔触上，他师承转向了黄公望，

临戴进谢安东山图

改变之前的精谨细密，转为简粗雄浑，布景也由繁到简，尺幅由小变大。之前的用笔都是使用中锋运笔，这一时期是中锋侧笔并用，笔墨坚实豪放，笔法逐渐由细变粗，形成了属于自己的艺术风格和形式。这便是画史所称的"粗沈"风格。

在此之后的20多年，可以称为是沈周艺术的成熟期。这时的他醉心于吴镇，在用墨上借鉴其淋漓多变的墨法，墨色浓淡变化丰富、润泽，下笔厚重有力，用笔更为粗简，时出侧锋，笔法遒劲浑厚，坚实豪放，行笔酣畅，将粗笔山水的苍劲雄健发挥得淋漓尽致。

晋人谢安（320年~385年），字安石，号东山，乃江南名士谢尚的从弟，也是魏晋风流代表人物之一。谢安隐居在老家会稽山期间，尽管有清山秀水伴随其左右，但这还不够，经常出现在他身边的那些伎女们，更能增加他欣赏山水的兴致，"每游赏必以伎女从"，沈周的这幅《临戴进谢安东山图》正能反映当时谢公携伎游东山的生活。

《临戴进谢安东山图》立轴绢本，水墨设色，纵170.7厘米，横89.8厘米。美国私人收藏。沈周在该画轴的左上侧，自署行笔款识"钱塘文进谢安东山图。庚子（明代成化十六年，1480年），长洲沈周临"。这幅画的原作者是明人戴进，如今已经遗失不存，多亏了沈周临仿前贤的这幅书画，让我们看到谢安的风流生活。

展开《临戴进谢安东山图》画轴，只见图中的东晋名士谢安神情是那么悠然自在，手持木杖徜徉在这醉人的东山之畔。他头戴乌帽，身穿宽袍长衫，好似他此时的心情也是这样的松弛享受，毫无束缚，一只白鹿将他缓缓前引。走在谢安前面的一位着装俏丽的年轻家伎正在转身回望主人。谢安旁边那四位端庄貌美的乐伎，伴随左右，彼此微微笑的媚态，为这生冷的山水增添了一丝温暖。遥望这茂密葱盛的东山之树，再看这潺潺流淌的溪水，一丝寂寞淡然纸上，怪石嶙峋交织在高耸的山峰上，压抑着落寞，徒生几分豪迈纵情。

　　临摹古人笔法意蕴，习得他们的体系经验，是沈周学习传统艺术的一条重要途径。戴进作为明代"国初画院第一手"，算得上是屈指可数的绘画全才，他的山水画主要继承了郭熙、李唐、刘松年、马远、夏圭等名家的绘画风格。而沈周也正是在这些优秀艺术家的身上得到经验，从而推陈出新，继承发展，才能在明代中叶乃至其后的画坛上赢得如此声誉。

　　《庐山高图》为纸本淡设色，纵193.8厘米，横98.1厘米，此图为浅绛纸本，现藏台北故宫博物院。钤盖的收藏印有"嘉庆御览之宝""石渠宝笈""乾隆御览之宝""宣统御览之宝""乾隆鉴赏""三希堂精鉴玺""宜子孙""宝笈重编"等，多达二十几枚。足见历代文人对他的喜爱程度。

　　这幅画是沈周41岁时为贺恩师陈醒庵70大寿所精心绘制的佳作。细笔山水是沈周山水画众多面目的一个重要风格，他的细笔山水作品当以《庐山高图》最为杰出。《庐山高图》的创作充分体现了中国画的一大特点，这便是笔墨。就画面笔墨而言，笔触隽秀，苍劲中显润泽，墨色浓中见淡，对山石土坡的处理，中锋行笔勾出山石之轮廓。山石以淡墨线塑造，周围重墨线勾皴，形成对比，注重皴擦点染，结构转折用笔，虚中显实，渴中求润。纵观此图，中景以著名的庐山瀑布为中心，重重叠叠的石岩中，一飞瀑直下，飞瀑下有一老人站在石上静静欣赏着这美好的景色，蓬勃茂盛的林木，潺潺的溪流，形成了和谐又动态十足的自然之美。画面右下角山坡，两棵长势苍劲的松树紧紧盘缠，形成近景，两崖之间横跨一木桥，打破了流水飞白的呆板。尽管"细沈"因流传少而显得名贵，但正如林散之所言："粗细都能臻上乘，刚柔乃独运中锋。"沈周在创作这幅画作时全部采用中锋运笔，线条圆嫩厚实，转折外圆内方，线

庐山高图

条运行轻松、自如、流畅。

事实上，沈周并未去过庐山，他只是读文字资料，发挥自己的艺术想象，终于创作了这件山水巨制。画面右上题"庐山高"篆字，并用行楷书古体长歌一首：

庐山高，高乎哉！郁然二百五十里之盘踞。岌乎二千三百丈之龍嵸。谓即敷浅原。培嵝何敢争其雄？西来天堑濯其足，云霞旦夕吞吐乎其胸。回崖沓嶂鬼手擘，涧道千丈开鸿蒙。瀑流淙淙泻不极，雷霆殷地闻者耳欲聋。时有落叶于其间，直下彭蠡流霜红。金膏水碧不可觅，石林幽黑号绿熊。其阳诸峰五老人，或疑纬星之精坠自空。陈夫子，今仲弓，世家庐之下，有元厥祖迁江东。尚知庐灵有默契，不远千里钟于公。公亦西望怀故都，便欲往依五老巢云松。昔闻紫阳祀六老，不妨添公相与成七翁。我常游公门，仰公弥高庐。不崇丘园肥遁七十，著作白发如秋蓬。文能合坟诗合雅。自得乐地于其中。荣名利禄云过眼，上不作书自荐，下不公相通。公乎！浩荡在物表，黄鹄高举凌天风。

全诗气势恢宏。诗末署款为"成化丁亥端阳日，门生长洲沈周诗画，敬为醒庵有道尊先生寿"。沈周将四位一体的中国画新格局继承和发扬光大，他曾在临黄公望《富春山居图》上的题跋中说："以画名家者，亦须看人品何如耳。人品高则画亦高，古人论书亦然。"

沈周就是这样一位人品与画品俱在的艺术家。或许是与世无争的超脱态度，沈周的胸怀也是如此宽广，一如他的画一般。这一天，一个身穿衙服的官人敲开沈周家的大门："你是沈周吗？太守有令，征召你进城劳役，为太守作画，现在跟我们走吧。"这位太守是刚在苏州上任的曹凤，一上任就征召民间画工为府衙装饰墙壁，结果衙门里有一个官吏忌恨沈周，便将他的名字也写了进去，好羞辱他一回。朋友们知道了这件事后很是气愤，劝他找人去太守那儿打个招呼，就不用受这份又辛苦又侮辱的差事了。沈周并没有这样做，而是每天按时上工，还很认真。不久，曹凤进京述职。事后，屠太守问他："沈先生好吗？"曹凤不知道他说的是谁，但又不敢细问，于是说："无恙！"过了一会儿，内阁大学士李东阳问他："沈先生有让你带书信来吗？"曹凤慌神了，只好说："有而未至。"一出内阁曹凤就跑到右侍郎吴宽那儿，问清楚后，曹凤吓得汗流浃背，原来沈周就是被他征来画画的民工。回到苏州，曹凤马上到沈周门上引咎再拜，又请沈周修书一封，连夜派人送往京城。这个故事足以说明沈周的涵养。沈周能在历史上赢得崇高的地位，不仅因为他的艺术成就，更因为他的为人。

唐寅（1470—1523）
风流才子且风流

　　一代风流才子唐寅，风流背后竟是无尽心酸，无力反驳世俗的他在绘画中寻求到解脱方法，寄情于山水间，神游于笔墨之中。我们赞赏他的艺术水平和绘画作品，也叹息他的坎坷人生。艺术成就的背后都是一条心酸自知的荆棘之路，但这绝对阻止不了唐寅对艺术的追求。

　　唐寅，字伯虎，更字子畏，号桃花庵主等。他的诗、书、画被称为三绝，他与徐祯卿、祝允明、文徵明并称"吴中四才子"。代表作有《桐阴清梦图》《看泉听风图》《孟蜀宫妓图》等。唐伯虎是家喻户晓的人物形象，一提到他，人们就能说出很多形容他的词，但最多的便是"风流"二字。传奇人物唐伯虎的原型便是元代著名画家唐寅，唐寅是否如唐伯虎一样风流倜傥呢？且看唐寅风流背后的心酸人生。

　　唐寅的爸妈是开小卖部的小商人，虽然处于社会阶层末端，但还是让唐寅去学校读书，学习儒家文化，唐寅以他傲人的天分，学期未满就学完了所有课程。他本就是对一切名利无视的逍遥青年，为了满足父母的期望，在他16岁那年参加考试中了秀才，这下唐寅成了名人。可唐寅却在二十多岁时接连遭受不幸，父母、妻子、妹妹相继去世，家境逐渐衰败，还好有他的好朋友祝允明耐心开导他、帮助他，唐寅在29岁那年一举拿下弘治十一年（1498年）解元，在第二年便赶赴京城参加会试，这一去，使唐寅的命运发生了一百八十度大转弯，唐寅被卷入朝野遍知的"会试泄题案"。当年会试的主考是李东阳。当时的试题出得很冷僻，很多人不会做，却有两张试卷答得切题且文辞优雅，程敏政一时高兴就随口说了句："这两张卷子肯定是唐寅和徐经的。"说者无心，听者有意，这话被传了出去，越传越离谱，说是徐经贿赂考官提前得到试题，导致最后唐寅和徐经都没有被录用。就算是这样，八卦还是越来越火爆。朝廷为了平息舆论，便下令调查，最后以各打五十大板结案，程敏政因此辞官回乡，没多久便愤郁发疽而亡。

　　说唐寅风流是因为民间传说他娶了九个老婆，前边八个，后来续娶的排行老九，所以叫沈九娘，真的是九个吗？沈九娘就是叫沈九娘而已。唐寅是个专情的男人，他与秋香的爱情故事被冯梦龙写在《警世恒言》里，题作《唐解元一笑姻缘》。初遇秋香，那回眸一笑，笑断了唐伯虎的所有情愫，只为这一笑，唐伯虎甘愿到华府为奴。一切只因那一笑，唐伯虎认定了，看中的事情，没有什么可以阻拦，还讲求什么尊严、什么地位、什么值得不值得，一切都是浮云。他对爱情的执着一如对绘画一样不离不弃，他的执着得到了秋香的爱，得到了画坛的盛誉。这是个真正的男人，不求其他，只求自己曾经付出过。

　　唐寅的《桐阴清梦图》恰能表现出他那静待一切的执着。此图现藏于北京故宫博物院。该画为纸本水墨，纵62厘米，横30.9厘米。画面以人物为题材，构图简洁、用笔洒脱、意韵清逸，桐荫下有一人坐在摇椅上闭目养神，神情生动自然。此画自题七言绝诗一首："十里桐阴覆紫苔，先生闲试醉眠来。此生已谢功名念，清梦应无到古槐。"这幅画虽没有署年款，从诗的内容推断，此画应该是他于科场案之后再回苏州之时所作。

　　回到老家后，唐寅算是真切地体会到了世态炎凉，周围的人对他的态度大不如从前，续娶的媳妇也丢下他跑了，这种种精神上的打击让唐寅只好每

桐阴清梦图

日借酒消愁，用他狂放不羁的态度来面对这狂放不羁的生活。他还题诗《席上答王履吉》来表达自己对这凄惨的世界的宣泄：

> 我观古昔之英雄，慷慨然诺杯酒中。义重生轻死知己，所以与人成大功。我观今日之才彦，交不以心惟以面，面前斟酒酒未寒，面未变时心已变。

这些经历使他的人生命运转道而行，也使他的艺术生涯从此流光溢彩。这便是有失必有得。

估计是看着身边景象太伤心的缘故，唐寅在1500年开始了长途旅游，并开始潜心学画。唐寅的游览线路是先从苏州出发，经过镇江和扬州，游芜湖与九江，还登上庐山，然后溯江而上游览了赤壁、洞庭湖、岳阳楼、衡山等。唐寅立志走遍各大名山，看的雄山美景多了，心中的山水也油然而生，对他后来的绘画也产生了"胸有成竹"的随意性和真实感，也使得他的诗画水平皆有险峻之美、雄劲浑厚之感和洒脱之意。

江浙地区在明代中期的时候是文人雅士最爱去的地方，他们都聚集在这里论画、作画，寻找知己密友，这怎么能少得了唐寅？他此时性情愈发狂放不羁，还时常流露出怀才不遇的悲愤，他的凄苦都汇于他的诗和画中："书籍不如钱一囊，少年何苦擅文章。十年掩骭青衫敝，八口啼饥白稻荒。"字字句句的悲伤与不甘，虽深入人心，却只能暗叹可惜，一代才子唐寅的艺术造诣背后是如此心酸的经历，他坎坷的一生终究在他54岁那年结束了。唐寅的隐世思想贯穿于他的绘画和诗书中，一首《西洲话旧图》读得人豪情满天。

醉舞狂歌五十年，花中行乐月中眠。

漫劳海内传名字，谁信腰间没酒钱？

书本身渐称学者，众人疑道是神仙。

此须做得工夫处，不损胸前一片天。

"生在阳间有散场，死归地府又何妨。阳间地府俱相似，只当飘流在异乡。"这是他临终时写的绝笔诗，字字句句都透露着不想离开人世的难舍和愤恨厌世的复杂心情，我们也不得不服气于他的性情。

说唐寅绘画无所不工绝对不是过度赞美，他的那些传世作品便可以证实这一点，而在他的绘画中当数山水画成就最高，作品也最多。唐寅的山水画大都是以高人遁世为主题，这也正是他自己思想感情和人生态度的表现。他的代表山水作品有《匡庐图》《山路松声图》《两岸峰青图》。

唐寅作画几乎是每幅一诗，可见他对诗词的喜爱，但让人头疼的是他作画很少注明年份。这样一来，对他的风格变化过程想要通过时间来划分就极其不易，而且他的绘画风格的阶段性变化也不明显，推断他的画风变化过程只能通过历史文献记载和他的众多作品来窥探他的画风发展变化的大致脉络，而且唐寅的命运变化过程也与其画风紧密相连。

他的山水画风格大致上可分为三段，第一是早期，唐寅在早期并没有

匡庐图

山路松声图

正式拜师学画，把心思都放在求取功名上，画画只是自己喜欢，又凭借着他天生的才情悠闲漫步在诗文书画的创作中，为的只是陶冶情操，释放无处安放的才华。他早年的画风与沈周、文徵明画风相近。第二个时期，这一时期唐寅偏重于南宋院体画风，在这一时期创作的作品也颇多。唐寅虽然用南宋院体画风来表达自己压抑的情绪，同时也注入了自己的风格特征，比如他的《华山图》，画中用大斧劈皴来描绘山石的坚硬和山水的险峻，转笔灵活浑圆且多姿，极富节奏感的山峦不像周臣那样僵硬，房屋、溪流、山路和树木的布置匠心独具。第三个时期，唐寅的独特画风是多样变化的，尤其在他晚年时，他晚年皈依佛乘，盖了一间名叫桃花坞的地方，自号六如居士，天天只在这里研究他的诗文画书和佛学。在他年老多病的时候回想起年轻时失意的痛苦与悲伤更显处境黯然，对他来说最好的解决办法就是将这万千思绪投放到绘画创作之中。画中的山水是一辈子的过往，孤傲的高人是自己的影子，这时的唐寅在思想态度上发生了一些改变，或许是时间积累的经验，让他的画作充满了两极的完美融合，成熟老辣的绘画技巧与纯真淡然的自然之趣相互交融，刚柔并济，灵动自然，秀润空灵的美感充斥于这一时期的绘画中。他将绘画经验升华为自己独到的特点，有北方画派的雄伟气势和南方画派的温润柔和，这充分展示出唐寅高超的绘画功底和独有的文人气息。其中最具代表性的作品当属《落霞孤鹜图》和《看泉听风图》。

《看泉听风图》现藏于南京博物院。画中有二高士并坐，两位正观赏着这虽然不大却急泻奔流的瀑布，伴着周围的奇峰怪石和浓郁的古木，二人沉醉在这山水之中。画中题诗"俯看流泉仰听风，泉声风韵合笙镛。如何不把瑶琴写，为是无人姓是钟"。唐寅创作此画已经步入晚年，看透世事的他，意志和思想日渐消沉，将自己仕途不遇的苦闷心情绘于这山水之中。唐寅在处理近景与远景的手法上匠心独具。他将重点放在近景上，刻意经营观者容易看到的地方，对于远景则采用了几笔带过的手法，甚至将远处的山峦虚化为一个轮廓，用笔简单不做任何皴擦。这样既可以突出主体，又能表现自己不带任何渲染的独特心境。

看泉听风图

莲花冠子道人衣，日侍君王宴紫微。花柳不知人去也，年年斗绿与争绯。

蜀后主每于宫中裹小巾，命宫妓衣道衣，冠莲花冠，日寻花柳以侍酣宴，苟且行乐，不思后庭之祸，败亡之兆。唐寅。

孟蜀宫妓图

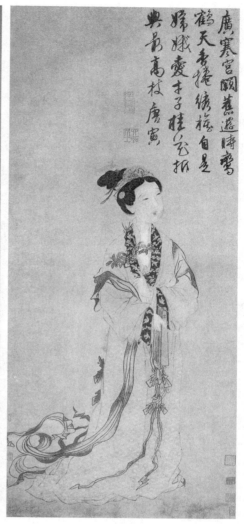

广寒宫阙旧游时，鸾鹤天香捲绣梅。自是嫦娥爱才子，桂花折与最高枝。唐寅

秋风执扇图

通常人们知道的唐寅是从他的仕女图，他的人物画多取材于神仙故事和宫妓、歌伎等。在人物画法上可大致分为两类，一类是有着工整细致的线条，配以艳丽的颜色，代表作是《孟蜀宫妓图》，这幅画可称得上是唐寅工笔美人仕女画中的精品。而每一幅优秀作品的背后通常都有一个故事，这幅作品取材于五代"时宫妓皆道服，顶金莲花冠"的历史记载，描绘的是后蜀后宫中奢靡的宫廷生活，画中有对被强行穿上盛装的宫妓的同情，也有对孟

蜀后主不理朝政的感慨。画中四个盛装打扮的宫妓各具形态，她们身穿华丽的长衣、长裙，头戴花冠，配金银宝钗，白如雪的脸颊上抹着厚厚的脂粉。有的在拿着镜子看自己的妆容是否够美丽，有的手托化妆盘，还有一个在一旁指导评价，一个在帮别人整理衣服。从这四人的位置安排上可以看出唐寅的用心，两人正面，两人背面，画面平衡合理，色彩搭配也极富节奏感。两背面的宫妓身着淡黄色长衣，两正面宫妓分别穿橙色长衣和花青大衣，色彩上形成强烈的对比，有冷有暖，浓淡搭配适宜，互相衬托突出，变化巧妙。画面中宫妓脸部的设色方法是"三白法"，是在人物的额头、鼻子和下巴三个地方以白粉烘染，仕女的这种妆色继承了张萱、周昉、周文矩的手法。画中线条无论是头上的花簪还是对衣纹的处理，都精秀细劲，线条流转自如，将女性的柔弱之态描绘得淋漓尽致，仕女的柳眉、小眼和樱桃唇也是当时的流行元素。

另一类则是用流动且粗放的线条描绘出抑扬顿挫的动感，笔墨爽利果断。将李公麟的行云流水和颜辉的折芦描法结合起来，极富韵律感，挥洒自如于美人间。代表作是《秋风执扇图》。

像唐寅这样有才华的名家，其作品的投资市场是很可观的。唐寅的艺术地位稳定，极富盛名，所以他的作品很容易出手，投资风险也小，可以作为投资重点。但有一个问题就是唐寅作品中的赝品很多，据说他活着的时候为了应付求画者，经常找人代笔，甚至他的师父周臣也替他画过。所以在投资之前应先鉴定确认唐寅真迹。市场对其作品的论价有不同的方式，如果以每平方尺论价，价格在两万到五万元不等，以四开三一幅计价，则在十万元至三十万元不等，如果是尺幅大的精品，那它的价值更不可估量。2002年秋在中贸圣佳的拍卖会上，唐寅的扇面作品《溪桥暮归图》以人民币58.3万的高价拍出。2003年10月佳士得拍卖公司拍卖会上，《晚风渔艇图》以人民币422.2775万的高价拍出。在2006年11月中国嘉德拍卖会上，《会琴图》以人民币275万的价格拍出。唐寅用他不安的一生换来的艺术造诣，成就了他的作品在今天成为拍卖会上连创拍卖高峰的盛景。

董其昌（1555—1636）
一切尽在笔墨间

仕途的坎坷、家门的受辱等这些毁人心志的事，能使一个人一蹶不振，也能让一个人益发光彩。经历了浮沉之后的董其昌学会了沉默和后退。他的"南北宗"论众所周知，他对"南北宗"论进行了严谨详细的阐释，并记录在著作《画旨》中，此理论对后世画家的影响不容小觑。董其昌本人的品格向来备受争论，还有人对董其昌持反对态度，这又如何？"南北宗"论带来的意义和存在的价值是怎么也否认不了的。一位书画家的一场浮沉的宦海之旅，一抹清心寡欲的禅性在他的生命中演绎着，且看董其昌是如何成就他的画坛地位。

董其昌是明代中后期画坛享有盛名的书画家、美术鉴赏家和理论家，他的绘画作品和理论成果对中国绘画的发展产生了巨大而深远的影响。

董其昌，字玄宰，号思白、香光居士，上海松江人。万历十七年（1589年）考为进士，曾任当朝皇太子的讲官，晚年官至礼部尚书。董其昌擅鉴别书画，善画山水，以禅论画，与莫是龙等提出"南北宗"论，推崇南宗为文人正派，并将其发展传承。董其昌是明代画坛"华亭派"（松江派）的代表人物，著有《容台集》《容台别集》《画禅室随笔》《画旨》《画眼》等。代表作有《秋兴八景图》《升山图》《昼锦堂图》《潇湘白云图》等。

《明史》卷二八八中有传，说董其昌这个人"天才俊逸，少负重名"，年少便享有盛誉的他，一生并不是一如既往的顺利，在他八十多年的风雨人生

昼锦堂图

中，经历了仕途的跌宕起伏和归隐的闲逸安乐。

与董其昌联系最紧密，而且让他众所周知的成就便是著名的"南北宗"论。一说"南北宗"论，知道的人很容易就联系到董其昌。人们通常认为董其昌就是"南北宗"论的创建者，其实不然。"南北宗"论的名气确实是董其昌带出来的，但最先提出这一理论的人是与他同时期的松江文人莫是龙，董其昌将这一理论著入自己的著作《画旨》中，将其做了详细而透彻的阐释，并得到了很好的发展。现代美术史家王伯敏在《中国绘画通史》中说："莫是龙提出在先，董其昌继之于后，陈继儒则推波助澜于其中。"董其昌、莫是龙与陈继儒是华亭三大名士，以书画闻名，"南北宗"论是他们共同的理论见解。

划分"南北宗"的依据并不是按照地域，而是以其各自的风格特点和手法为标准，"禅家有南北二宗，唐时始分。画之南北二宗，亦唐时分也，但其人非南北耳。"划分南北二宗是根据艺术家对山水的不同理解和不同的人生态度，北宗画家一直以来被冠以一个"苦"字，董其昌认为北宗过于拘泥于形似，受制于自然，所以"苦"。这说法过于偏颇，马远、夏圭也在北宗之派，但这二位对自然山水的把握可谓是游刃有余。南宗能自由出入自然间，能够真切地感受其魅力。在绘画技法和艺术风格上，南宗采用墨色渲淡的技法来突显它的士气；北宗则讲究精工、谨细，采用着色和勾染之法。在董其昌的绘画作品中可见他对南宗技法的继承。

莫是龙明确了绘画的分宗立派说，"北宗则李思训父子着色山，流传而为宋之赵幹，赵伯驹、伯骕，以至马夏辈。南宗则王摩诘始用渲淡，一变钩斫

潇湘白云图

之法。其传为张璪、荆、关、郭忠恕、董、巨、米家父子，以至元之四大家。亦如六祖之后，马驹云门临济儿孙之盛，而北宗微矣。"在师法上董其昌明确说明李派不当学，"文人之画，自王右丞始，其后董源、巨然、李成、范宽为嫡子，李龙眠、王晋卿、米南宫及虎儿，皆从董巨得来，直至元四大家：黄子久、倪元镇、吴仲圭，皆其正传。吾朝文沈，则又远接衣钵。若马夏及李唐、刘松年，又是大李将军之派，非吾曹当学也。"董其昌推崇南宗而排斥北宗的倾向对后世的影响颇深。

万历四十八年（1620）八九月间，正值董其昌66岁，他由松江坐船北行至镇江，在这途中创作了八幅画，将自己在吴门、京口途中所见的秋景绘成八幅画作，这就是今天我们看到的《秋兴八景图》。《秋兴八景图》纸本册页，设色，每段均为纵53.8厘米，横31.7厘米。此画是董其昌设色山水画中的代表作，现藏于上海博物馆。

《秋兴八景图》具有很明显的纪实意味，此画每开都有作者行楷题记及署款，大部分记录了作画的具体时间和地点，画册有清代宋荦、罗廷琛、张岳松、郑孝胥等题外签，画前扉页有明代曾鲸画的董其昌肖像、项圣谟补图，画后有清代谢希曾等人题跋。正是通过这些题记，我们能够对作者当时的心境和创作的历史背景进行准确的考证。

《秋兴八景图》的创作时间正是明光宗皇帝从登基到去世的时间段。光宗皇帝绝对是一个苦命的皇帝，他是明神宗万历帝的长子，神宗朱翊钧一直认为这个宫女所出的皇子是他的耻辱，所以一再拖延封他为太子的时间。在光宗熬到39岁的时候，万历帝驾崩，光宗终于登基了，可是上位刚满三十天的他却莫名其妙归天了，这不能言语的命运怎么就那么坎坷呢？好不容易爬上顶峰，谁知用力过猛，摔了下去，还摔得一命呜呼。在光宗皇帝还是皇太子的时候，董其昌曾任他的讲官，据《明史》记载，董其昌深受光宗朱常洛的信任。也正是因为和朱常洛的关系亲密，导致董其昌被卷入争夺权力的无尽旋涡中，大多都是纠结于立储事件。明朝的众多大案几乎都能见到光宗的身影，"妖书案""红丸案""梃击案"，甚至在他死后还不能够消停的"移宫案"。可算盼到光宗即位的董其昌，以为光明就要照耀他全身的时候，"手电筒"却没电了。起伏于这大悲大喜中的董其昌，碍于当时复杂的政局，一直压抑着自己的情感，这无处安放的无奈和伤痛只得在绘画中宣泄。董其昌在之后的日子中更是小心谨慎，官场上稍微有些风吹草动，他就隐退，风声一过便又复出，出出进进，进进出出，就像是守在洞口的土拨鼠。这浮浮沉沉的宦海生活，将董其昌的生活装扮得可谓是"多姿多彩"。

一直以来董其昌备受争论，不只是他的绘画和理论功绩，更盛的是他的人品问题。董其昌有一个名叫董权的儿子，董其昌十分宠溺娇纵他。在万历十三年（1585年）九月，董权看中了本乡生员陆兆芳的女儿绿英，陆家不答应让女儿做他的小妾，这让从小被惯坏的董权十分恼怒，发誓非要娶到绿英。董其昌在这个时候非但没有制止教育儿子，还纵容他强行霸占绿英。第二年三月，董权又和姻亲范昶闹翻，并仗势欺人，到苏州府告范家。董权的这些行为早就激起了民愤，愤怒的万余名百姓冲进董家，放火烧了董其昌的房子，古董、名画也被付之一炬。董其昌和家人如丧家犬一般仓皇出逃。这就是著名的"民抄董宦"事件，这一事件就发生在董其昌的家乡江南松江。在老家发生这样的事，说董其昌声名扫地一点儿也不为过。而这一事件引起的连锁反应还波及他儿子三年后在松江的岁试，董权在参加岁试时受到考官的严惩，据史料记载："万历己未（1619年）春，岁试按松，余入院候发落，但见唱名至董祖常，大加呵责……姑以此案已结，不深究，与之大板，人颇称快焉。"这些个荒唐事就发生在《秋兴八景图》创作的前一年。

仕途的坎坷加之门第的蒙羞让董其昌只求明哲保身，失去了政治后盾的他同时还失去了作为官员的尊严，这也注定他的仕途将是一波三折。将余力放在绘画和书法创作上也未必不是好事，至少我们现在记住董其昌正是因为他的艺术成就。

从绘画角度来看，《秋兴八景图》用笔设色鲜润光彩，以赭石、花青为主色调，局部的山峰和林木施以石绿、朱砂和石青，在艳丽的画面中寻求柔和统一，构图精妙。用笔以干笔皴擦，笔力遒劲，微妙的渲染使得画面明洁自然。《秋兴八景图》中第八开的题记是这样的："是月写设色小景八幅，可当《秋兴八首》。"杜甫的《秋兴八首》是在他快死的时候只身一人来到夔州，想念长安而泛起萧瑟之情。虽然对当时混乱的政治局面抱以忧伤，但这无处安放的情感只得通过《秋兴八首》来传递，而董其昌用杜甫的《秋兴八首》来比附自己的《秋兴八景》，可见这画中意图不只是在山水上了。

秋兴八景图之一

董其昌非常认同苏轼"诗中有画，画中有诗"的观点，也在自己的绘画实践中有所追求，但董其昌还是明白并不是所有的感觉都能用绘画表现出来。

董其昌在《画禅室随笔》中指出："气韵不可学，此生而知之，自然天授，然亦有学得处。读万卷书，行万里路，胸中脱去尘浊，自然丘壑内营，立成鄞鄂。随手写出，皆为山水传神矣。"意思是要想达到气韵生动，要做到"读万卷书"和"行万里路"，也就是说，画家不管是对以往的画论、历史还是文化都要有所把握；"行万里路"便是效法自然，走出去，将真山水铭记在心，挥洒于笔尖。关于师法自然一说，董其昌在《画旨》中说："画家以古人为师，已自上乘。进此当以天地为师，每朝看云气变幻，绝近画中山。"

在这幅《秋兴八景图》中，董其昌成功地实践了他的"读万卷书，行万里路"这一理论，集古成家成为后期文人画的一条重要途径。但是董其昌却将自己的大半生绘画光阴投进了摹古之中，外师造化不足。画中的书法也是一道别致的风景，疏淡秀雅、苍劲秀润，与画相得益彰。

《栖霞寺诗意图》是董其昌在天启六年（1626年）辞官后创作的一幅禅画，现藏于上海博物馆。中国传统山水画虽说大都描绘客观景物，但是画家们通过绘画展现自己心中的山水，这山水可以是以前看到的真山水，也可以是心中理想与山水的结合。名刹栖霞寺在陡峭的山腰间显得庄严古朴，崖下的溪水和崖顶的烟云飘飘荡荡，悠然的动感给整幅画增添了些许禅意，董其昌无论从构图还是设色上都将佛家情境留给观者细细品味。

董其昌的书法也是后人效仿的经典。好的字都是经过磨练才散发光彩的，董其昌在16岁的时候参加松江府的会试，但是由于"书拙而置第二，自是发愤临池矣"。就是因为字写得不好，才落到第二，之后他学习颜、虞，后又学习钟、王，学到25岁的时候觉着自己写得不错，感觉都能赶上赵孟頫、文徵明了，就在这时他有幸看到了王羲之的《官奴帖》，这才明白参透书道不是那么容易做到的。董其昌把赵孟頫作为一生所要超越的对象，拼命地追啊追啊，终于在晚年，董其昌的付出得到了回报。这时，他的书法造诣已经到了炉火纯青的境界。董其昌最突出的书法成就便是他的草书。

董其昌认为修行应崇尚"顿悟"，无论是参禅修释还是潜心书画，这都是他逃避世事、寻求内心平静的好办法。通过这隐晦的方式来表达自己宣泄不出的情感，有对光宗去世的悲痛无奈，有对教子无方的懊悔，有对失去一切又无法挽回的揪心之痛。这不是让我们去欣赏、去感叹一个人怎样的一生，要知道从别人的故事里学到的东西必定是浅薄的。愿意了解一个人的命运，只因中意他，哪怕只

栖霞寺诗意图

婉娈草堂图

是一个眼神，不在乎他的品行是好是坏，只在接受他的那些缺点后还能对他一如既往。

　　2012年5月28日，佳士得在香港举行的中国古代书画拍卖会上，一幅估价500万到700万港币的董其昌作品《行书李白诗篇》以320万港元起拍，最终以5100万港币成交，这是董其昌的书法作品。绘画作品方面，在2005年广东保利拍卖会上，董其昌《青绿山水》手卷，竟以1375万元的天价成交，突破了千万元大关。

朱耷（1626—1705）
疯癫不只是外表，还是一种艺术态度

被人们称为癫疯和尚的八大山人，在经历了人生道路上的众多磨难后坚强地活下来，并充满激情地创作了流传至今的优秀画作，他以悲剧的一生造就了人人崇拜和效仿的艺术成果。如果没有当时的变故，朱耷肯定也不会有这样的感悟和心境，更不会有如此杰出的作品，这种以一人之痛换众人之悟的豪迈，谁人有？

有这样一位"金枝玉叶老遗民"穿梭在明末清初，他就是八大山人朱耷。朱耷原名朱统鉴，与石涛、弘仁、髡残并称为清初画坛"四僧"，朱耷是"四僧"中人生经历最为曲折的一位书画家，后世很多崇尚大写意者和文人画家都为其倾倒。朱耷1626年生于江西南昌，卒于1705年，在这80年的光阴中，朱耷将一个悲剧故事完美地诠释出来。作为中国画的一代宗师，同时也作为明太祖朱元璋的第十个儿子明宁王朱权的九世孙，他以苍劲的笔力，夸张奇特的形象，塑造了一幅幅不羁的水墨作品，就是这种不羁奔放的画风和性格让后世很多人崇拜和效仿。

朱耷的祖父朱多是一位诗人兼画家，山水师从二米；朱耷父亲朱谋觐也是一位擅长山水花鸟的画家。朱耷用过的字、号多达一百余个，其中常用的号有八大山人、个山、驴屋等。"八大山人"是他在晚年使用最多、名气最广的一个号，在他的书画作品上把"八大山人"写得似"哭之"，又似"笑之"。他痛哭明朝的灭亡和自己的精神与生活经历，嘲笑那些无节操无下限的脚踏明清两只船的文人，以此来寄寓对前朝的怀念和隐痛之情。在签上自己的号之外，他还会落上"三月二十九日"这几个字，三月二十九日这一天正是明朝崇祯皇帝吊死煤山的那一天，朱耷这是要时刻提醒自己勿忘国耻，每天都是三月二十九日。

朱耷七八岁便能作诗，11岁会画青绿山水，这种艺术天分启蒙得早，可他悲剧命运的开始也是如此早，明朝灭亡的时候朱耷仅有19岁。不久父亲又去世了，再不久爱妻也没了，这一连串的厄运，让他的心灵受到了严重打击，他忧郁、他悲愤、他无奈、他不服，所以他出家了。到中年之时朱耷又改信道教。正是这年少时的经历，让他之后的作品也都充斥着忧郁、悲愤、无奈和不服。

这幅水墨写意花鸟画《荷花水鸟图》整体就一个字："怪"。一只翻着白眼的怪鸟站在一巨石上，真是残山剩水的高境界。这幅画的笔墨夸张概

荷花水鸟图

括，浓淡适宜，充满忧愤感情的笔触，冷傲逼人。朱耷的花鸟画风格继承明代徐渭豪迈奔放的大写意技法，并对其有所发展。再看画中的水鸟好似随时都要飞走的样子，战战兢兢地，处境与朱耷一样不安稳，别一个不小心就被敌人抓了去，为人鱼肉。这又如何，这也拦不住朱耷对清朝的白眼相见，就是看不惯你。此画构图空灵流动，看似寥寥几笔却充满了悲愤的情感。朱耷的笔墨功力深厚，下笔有神且不失沉稳厚重。画中荷花的茎墨色淋漓酣畅，石头虽是倒立，却层叠富有层次感，石头下，几棵站立的水草好似想疯狂地窜长着，就像是朱耷那不懈的生命力，你的打压我无所谓，我装疯卖傻又聋又哑。这画上的内容与形式已是达到

高度的统一，没有一个是多余的存在，也容不得其他再插足进去。

　　其实这画"怪"还是因为作者的缘故，作者将自己的主观感受融入画作中，所以有句话说得对："见字如见人"，这便是"见画知是神"。朱耷的画中有很多元素是花、鱼、鸟、木，他也是借此来象征自己艰难的人生处境，借助绘画来宣泄压抑的情感。可就是这种怪、这种个性，让他的画作在清朝那千篇一律的公式中独树一帜，别具一格，并强化了文人画特色。

　　对于悲剧性的感悟，当事人是比观众来得亲切和透彻。作为大明皇室的后裔，他能在方寸纸幅上张罗出枯枝、残花、怪石和不服的鸟种种结合体，这就说明朱耷的审美和艺术形象创造已经脱离了低级趣味。这残山剩水、地老天荒的寂寥，真是无人能望其项背。朱耷摒弃秀美这一传统美学范畴，朝着夸张丑陋的方向前进着，似乎只有这样，八大的际遇与感悟才能让人直观地了解，才能抒发"我是真不服"的无奈。尽管这挣扎反驳都是无用的，但至少现在我们看见的作品是优秀的、是独一无二的。

　　这一类型的画，还有很多，比如现藏于中国美术馆的《双鹤图》。此画横98厘米，纵83厘米，画上相对而立的两只鹤略显呆板古怪，一只驼背单爪着地，另一只也是单爪着地，比对面那只要高，好像是寻找食物的样子，画家用寥寥数笔便勾画出鹤身、鹤头和鹤腿，笔法苍劲有力而简练。鹤一直据说是仙人的坐骑，寓意吉祥，而朱耷笔下的鹤与众不同，改变了中国传统绘画中鹤的形象，这两只鹤单腿弓背而独立，两眼睁得过圆，显得有些茫然，整体看上去略显笨拙，可这却增添了真实感。悬脚立在危石上的鹤就如他本人一样，具有孤傲的文人气质。在《双鹤图》中，构图也是独具一格，朱耷用他独到的艺术灵感自由组合着一切。上重下轻上大下小的构图方式打破了视觉的平衡感，这种手法让固定的画面产生了静中有动的艺术效果。

　　朱耷的画不仅怪，还"丑"。这好像是在申述着，越是能揭露丑陋的就越美，就越有欣赏价值。朱耷的画以丑来袒露丑、以丑直入人心、以丑傲视妖媚、以丑鞭挞邪恶，他使丑陋变得美丽，使丑陋变得荒芜。朱耷的画丑在哪儿？先说说《双鹤图》，这高贵吉祥的鹤愣是给画成个大白眼，通常在西方绘画和中国正常的绘画中，眼珠是不脱离上下眼睑的，但这还真是朱耷绘画的一大特色。纵观他画的鸟，无不是翻着白眼，一只腿独立着。这白眼点得恰到好处，绝对不是说谎吹捧。鸟的眼圈被画得够大够圆，睁得很上镜，在眼睑前方或者是上方点上一个点儿，向上的眼珠不贴在上眼睑，这就像是在翻白眼。这神韵就出来了，他笔下的鸟就是因为这眼睛而活了起来，看起来更加有生机。想一眼就认出八大的作品，除了看落款，就是这一双眼睛和这一条腿。

朱耷处世的风格与绘画的风格如出一辙。当年朱耷在一家酒馆喝酒，不胜酒力，也是因为身上没钱，喝了不到半杯便醉了，他摇摇晃晃地走出酒馆，却撞上了迎面而来的县令的轿子。县令一看是朱耷，朱耷是谁啊，明朝皇室遗孙啊，这肯定是有谋反之心，抓起来再说。朱耷就这样稀里糊涂地在大牢里睡了一夜，第二天醒来发现身处大牢，急了，叫来了县令要唠嗑，说自己喝醉了，腿脚把持不住，不是故意撞上你的轿子的。县令一听也是，不能无中生有啊，可是县令不让他走，知道他画画得好，便留他在这儿给自己画

枯木来禽图

画。朱耷哪里愿意，朱耷愿意免费给酒保和小贩们画画，也不愿意把画卖给这些朝廷官员，可这也得回家不是，他就答应了，不给你认真画就是了。在府上待了一个月，朱耷是左挥挥右挥挥，画都不成样子。县令看出朱耷不认真，更不让他走，朱耷一看这阵势，没谱，不画了，便在书房里光着身子又敲又唱，装疯卖傻。这一闹腾把县令的老妈给招来了，老太太要进去看看这是什么情况，媳妇拦着死活不让，老太太从打开的窗户看见，这好家伙，成何体统，这种傻子在府里待着，还有这么多女眷，马上赶出去！一声令下，朱耷自由了。可是刚出街口朱耷就不"疯癫"了。

这豪爽疯癫的性格，使他的画不拘中带着寂寥。花鸟画是，山水画也是如此。通常人们认为朱耷花鸟画的造诣是最高的，但这绝对不能忽视他的山水画。朱耷的山水画师法董其昌，笔致简洁，静穆而疏旷，看上去心旷神怡，豁达洒脱。中国山水画重的就是情与景的高度融合后所呈现出来的艺术形态，意境二字在中国画中的地位是水到渠成的主打曲，不管是刻意营造还是经验所致，呈现于画作的最终形态在观赏者看来就是一种意境的游览。朱耷对意境的把握与经营达到"景中有意，画中有情"的地步，是一位将意境带入绘画中的书画高手。八大山水画的意境是孤独寂静的，这与他身入佛家有一定原因，他精通佛理，虽还未到无念无欲的地步，但是佛学的洗礼和浸染使他的艺术境界多了些许禅味。

山水图

八大特别喜欢用墨，极少着色，他的山水也多以水墨为主，层峦的峰丘，墨色层次分明并且湿气莹润，浓淡相宜。现藏于上海博物馆的《秋山图轴》，画中树石的造型古拙奇特，笔墨刚劲雄浑，作品神韵独具，画中的一石一树，禅意悠悠，比当时的文人画家多了几分空灵和恬静的意境。画面

墨鱼图

中虚实相生、疏密得当，留出的点点空白使画面实而不空。说起留白，八大也是个高手，不论在花鸟还是在山水画中，都可见一斑。他的另一件作品就显示出他的大胆留白给画作带来的不同凡响，那便是《睡鸭图轴》，全图只有一只鸭子睡在中央，背景全无。再有就是他的《墨鱼图》，这画奇了，这鱼看上去，有点儿僵硬，周围没有水草没有水纹，这肥肥的鱼是在干吗呢？在小憩，休息一下，绝对不是死鱼。这一鸭一鱼都在睡觉，却能从画中感受到它们的灵动，随时都会醒过来。这是需要多么豁达粗犷的心境才能达到的境界。除了以上介绍的作品，朱耷还有很多传世作品值得一说，如《牡丹松石图轴》《仿董北苑山水图轴》《荷石水禽图轴》《柯石双禽图轴》《渴笔山水》《湖石鱼鸟图》等。

画有留白，人生也会有留白。这不，八大出家了五年后又还俗了，自此到他晚年皈依道教这段时间，他都干什么去了呢？可能是想传宗皇室后代的心情急切，他再婚了，不过这段婚姻没有感情基础，所以过得很揪心啊。看来婚姻走向坟墓的一大原因就是因为不相爱。这一段岁月，让八大伤透了心，还是出家吧。或许朱耷早已看透，什么佛家的空、道家的虚无都是摸不到的东西，在经历这么多磨难之后的他，心能清静便是最大的恩惠，或许也只有在绘画创作中朱耷才能找到自己的存在感，结婚生子也是摸不到填不满的空虚。

没有故事的人是不会再有精气神的，一个非常非常平庸的人，他怎么能打动世

湖石鱼鸟图

人？没有坎坷让人同情的经历、没有惊世骇俗的壮举，怎么能够有感而发？他的山水是半壁江山、荒凉残破，花鸟也是如此，残破就成了朱耷的代名词。八大娴熟的笔墨，凝聚了自然精神且赋予高尚的境界，使得他的山水画成就不在宋元大家之下。

八大对后世的影响甚至蔓延到了扬州画派以及国画大师齐白石的艺术创作上。齐白石的《虾》与八大的《睡鸭图》和《墨鱼图》有异曲同工之妙，看似无水胜有水，皆是只有主体而无背景，但却能感受到它们在水中的自如与放纵。白石老人有"恨不生前三百年，或为诸君磨墨理纸"之语，这打杂不算什么，他甚至还诗曰："青藤（徐渭）雪个（八大山人）远凡胎，缶老（吴昌硕）当年别有才。我愿九泉为走狗，三家门下转轮来。"八大的魅力居然到了如此地步，艺术的影响竟然如此之大，齐白石连当走狗的心都有了。如果朱耷当初能够享受在顶峰的悠然，还会不会有惊世骇俗的作品，他还会不服、不羁又愤怒么？时势造英雄，我们是该感谢那动荡的时代，为我们造就了一个千古难得的艺术家，为我们留下了不朽的画作。

石涛（1630—1724）
瓜苦不过瞬间

作为清初力主革新的绘画大师，石涛杰出的绘画成就和理论成就对于清代中期以后、尤其是近现代画坛产生了巨大影响，这恐怕是中国绘画史上任何一位画家都无法比拟的。石涛曾久游皖、苏等地，先后寓居宣城、南京、扬州。善画山水、兰竹、花果，兼工人物，笔意恣纵，自成一家。又善诗文、书法、篆刻，尤工分隶。每画多所题识，诗、书皆淋漓洒脱。石涛在清高自许与不甘岑寂之间矛盾地度过了一生，他巧妙地将这种矛盾发泄到其作品中，所以他的作品充满了动感与张力。

"自民国十六年至二十六年，这十年间，……上海方面，则于吴派消沉后，代之而起的是石涛、八大派的复兴时代。……学者日众，几至家家石涛、人人八大。"这段话是俞剑华对石涛在近代作用的肯定。石涛与同时期的朱耷、髡残、弘仁齐名，并称为"清初四僧"，他对后世的影响不容小觑，我们所熟知的近现代大家齐白石、张大千、傅抱石、李可染、潘天寿等人的艺术根源都是来自石涛。石涛是中国绘画史上最富创新精神的艺术大师之一，他的艺术代表了中国传统书画的正脉之源，他的绘画理论在中国画学史乃至美学史上都有极高的地位。

石涛是明末清初著名山水画大家。明宗室，靖江王后裔，姓朱，名若极，小字阿长，又号苦瓜和尚、大涤子、清湘遗人等。出生于广西全州清湘县，故

淮扬洁秋图

后有清湘老人之称。石涛之所以号苦瓜和尚，是因为他非常喜欢吃苦瓜，每顿必须有苦瓜，甚至还朝拜苦瓜，这种喜爱就好像山水画大师傅抱石对石涛的推崇和喜爱一样，以至于将自己的名字改为"抱石"。没有什么是不可以的，只要是真心，管它什么金钱还是名字。石涛的代表作品有《淮扬洁秋图》《游华阳山图》《搜尽奇峰打草稿图卷》《梅竹图卷》《灵谷探梅图》《墨荷图轴》《梅竹兰图册》等，并著有《苦瓜和尚画语录》等画论著作。

石涛的父亲朱亨嘉是九世靖江王，明亡后，在南明隆武元年（1645），朱亨嘉自称"监国"，后被隆武帝遣兵所擒，处死在福州。年仅4岁的石涛被太监乘乱带出宫，石涛之后便在全州湘山寺落发为僧，法名初为超济，后改元济（原济），号石涛，其别号甚多。石涛极爱游历名山名景，敬亭山、黄山及南京、扬州等地都是他经常光顾的地方。

石涛天生聪慧，小的时候就会作画，在青少年时期正式步入绘画的道路。石涛的绘画旅程可分三个阶段，第一个是石涛在武昌生活的这一段，早年时期的石涛在绘画上主要以临摹古代名家为主，石涛山水画学黄公望、沈周、董其昌；人物、菊花学沈周；梅花学陈洪绶。他汲取各家所长，全面吸收各位名家的特色。这一时期的代表作品是《山水人物花鸟册》，此画册是目前发现的石涛最早的绘画作品，因为此画是可见石涛作品署年款最早的。看画册中一景，

比邻山峰的潺潺江水，不知流向何方，只见
一叶扁舟孤独地摇曳在江水中，随波荡漾，
舟中正坐一位捧读《离骚》的闲人雅客，再
看画面下方石涛题诗："落木寒生秋气高，
荡波小艇读《离骚》。夜深还向山中去，孤
鹤辽天松响涛。"在这一画册中，我们不得
不感叹石涛在不同艺术门类都极具造诣，山
水、人物、花卉、书法、诗文等无所不精，
说石涛是一位全才也不为过。石涛能够在之
后的绘画中各个领域都独树一帜，与他早年
广泛积极地摄取养分分不开。从这幅画册看
石涛早期的笔墨特征，画面较为稚拙，这种
极富恬静安逸、淡雅的意境在之后的绘画作
品中很难见到。

　　第二阶段是石涛定居宣城时期。在这
期间，石涛在艺术上体察生活、临摹山水，
"搜尽奇峰打草稿"。由于石涛天才的领悟
和创造能力，在艺术上有了极大的飞跃。综
观石涛在宣城的绘画特点，无论是对佛学禅

游华阳山图

理的悟解，还是对传统笔墨技巧的把握，以及思想认识上的活跃程度，都反
映了石涛艺术创作渐入佳境。

　　1680年，石涛移居南京，这是他创作的第三个阶段。在这一阶段中，石
涛个性风格愈发成熟，山水画慢慢脱离了新安派的画风，他娴熟的笔墨展现出
一幅幅变幻莫测的画作，创作手法也是如此，恣意洒脱的艺术风格在他的作品
《山水清音图轴》中可见一斑。《山水清音图轴》为纸本水墨，纵103厘米，
横42.5厘米。现藏于上海博物馆。这幅画的一大特色是运用了石涛最擅长的
"截取法"，一摒上留天、下留地的程式化构图，只截取其中一小景，来表现

无穷意境的绵延。

　　石涛51岁时，从南京回到扬州，直到逝世。这期间的石涛在绘画上表现得愈发奇特，创作题材和创作热情进入高峰期，这也是石涛绘画的晚期。代表作品有《余杭看山图轴》《卓然庐图轴》。

　　石涛少年时便出家为僧，但他却身处佛门心向红尘。按理说他对于世俗的种种应该早就无动于衷了，但事实并非如此。石涛一生的状况是极其清苦的，他这一生中多与商贾高官结交，而其他人又都对这些人敬而远之。那些傲骨嶙峋的文人则是不屑与之交往。石涛却不这样，他还帮商贾高官设计园林，在南京的时候还受到博尔都的厚待，并与他结为知己。石涛的交友对象都是富贵之人，可他还是照样一贫如洗，并没有因为他们在身边而得到一丝改变。他既不像叶希贤那样遁入佛门，世事不问，在孤独与自怨中了却一生，也不像朱耷那样清高蔑视地度过悲愤的时光，而是遵从自己的内心。他似乎是在等待着什么，等待着一展宏图，虽说石涛是明王朝的宗室，那种国破家亡的悲痛他也"感同身受"，可是对于清王朝的仇恨与蔑视似乎在石涛身上看不出来。在康熙南巡时，石涛两次接驾，还大呼万岁，或许石涛意识到，明朝的灭亡以及自己的家族经历这些种种都是历史必然，无法挽回与阻挡，自己该做的就是做好自己。但是他还是不甘，认为自己有才华，就想得到认可。他主动进京结交达官显贵，为的

山水清音图轴

就是出人头地，但那些权贵只是把他当作一个会画画的和尚，只看中他的画，石涛的希望破灭了。在这种极具矛盾与纠结的困扰中，石涛将他满腔的情怀和难言之痛汇于笔端。这国破家亡的悲痛他有，甘愿接受的心他也有，一切只怪世事无常，谁能与命运抵抗？谁能改变已定的一生？

石涛的画论著作《画语录》，又名《苦瓜和尚画语录》，是中国绘画史上很重要的一本著作，它影响了后世许多绘画大家的绘画历程，对近现代中国山水绘画的发展有着指引和警示的作用。书中"一画"是石涛美学和艺术理论的重要概念，主张"借古以开今""我用我法"和"搜尽奇峰打草稿"等。

石涛"一画说"的思想渊源主要来自禅学并糅合了儒家思想、易学思想、道家思想等，形成了"一画说"丰富的内在理论结构。学者们对于"一画"的见解存在许多分歧，俞剑华认为"一画"就是"一笔一画"，陈良运则从本体意义上将"一画"解释为"道"，朱良志则认为"一画"是石涛绘画技法中的根本大法。

石涛善用泼墨、破墨、积墨等方法画山水，这种浓淡渗化，有利于表现山川的空间感和质感。他强调要灵活用墨，反对矫揉造作。他娴熟地变换着笔墨形式，出神入化，错综复杂却有规律可循，气势磅礴的震慑力使其山水画总有一种压迫的厚重感。石涛擅画山水，他的山水画广泛汲取各家之长，不拘泥于"师承"这两字，在吸收了各大家的笔墨技法后，为之所用，并将其变换为自己的风格。在此基础上还游览大江南北，饱览名山大川，从自然中寻找创作题材，这就是他的绘画主张——"搜尽奇峰打草稿"。

在皴擦方面，由于石涛游览名山大川，对山川有亲临的经历，所以对于山石的形貌特征十分熟悉。他的皴法是根据自己对山川的理解和总结而来的，他认为只有熟知山石的质态与特征，才能正确地运用皴法，从而做到山与皴法的完美结合。石涛对各家的皴法都熟练掌握，他根据山川实际情况进行灵活改变、交替运用，所以他对皴法的把握绝对是无可挑剔。书画收藏鉴赏大家吴湖帆先生遍阅古今，曾感慨："石涛画人物最佳，尤胜山水，山水则愈细愈妙。后之学者，从横暴处求石师，远矣！"摹古派的领袖人物王原祁评曰："海内丹青家不能尽识，

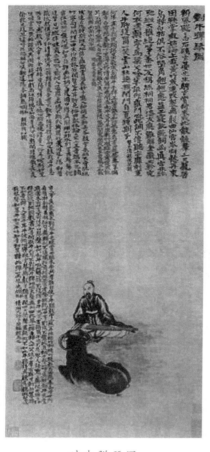

对牛弹琴图

墨荷图

而大江以南，当推石涛为第一。"他的艺术被齐白石称为"下笔谁敢泣鬼神，二千余载只斯僧"。

石涛的代表作品还有许多。《对牛弹琴图》为纸本墨笔，纵132.5厘米，横53.4厘米，现藏于北京故宫博物院。"对牛弹琴"这一词语的意思是嘲笑说话的人不看对象。但从作者自题的一句"世上琴声尽说假，不如此牛听得真"可以看出，作者那种难遇知音、怀才不遇的落寞心境只能寄托于"牛声一呼真妙解"。《墨荷图》为纸本墨笔，纵90.2厘米，横50.4厘米，现藏于北京故宫博物院。此画一眼望去，景物众多，虽乱却凸显勃勃生机，这荷塘景色空间层次丰富，墨色浓淡交错，互相衬托，荷叶、莲蓬、水草等交织出一曲浓重复杂的悦耳音乐。石涛对墨的运用可谓是炉火纯青，他用墨不仅淋漓尽致，对笔墨的把控能力也极强。

石涛的绘画作品在拍卖市场上表现强劲，成交价格也令人惊叹。北京保利2011年秋拍，石涛作品《五百罗汉图》成交价为6670万元。

郑板桥（1693—1765）
咬得住青山，做得起翠竹

一首"咬定青山不放松，立根原在破岩中。千磨万击还坚劲，任尔东西南北风。"为众人传诵，他的诗是一绝，他的画更是如此，"板桥有三绝，曰画、曰诗、曰书。三绝之中又有三真，曰真气、曰真意、曰真趣。"他的三绝和三真，为后世在绘画上提供了很好的借鉴。为官他清廉爱民，作画他痴迷倾心。他就像他所酷爱的竹子一般，有着高尚的人格和清高的气节。

清代中期，在扬州活跃着一批非常有个性的画家，他们即是被称为"扬州八怪"的画家群体。"八怪"分别是金农、黄慎、郑燮、李鱓、李方膺、汪士慎、高翔、罗聘，根据扬州人的说法，"八怪"就是奇奇怪怪之意，与数字"八"的关系不大。他们主张创造革新，颇具胆识，反对守旧的画家。其中郑板桥是最具声望的一位。

郑燮，字克柔，号板桥，江苏兴化人。清康熙三十年（1693年）生于扬州府兴化县城内汪头，卒于清乾隆三十年（1765），享年73岁。康熙三十五年，郑板桥4岁时，生母汪氏去世，乳母费氏将他一手带大。郑板桥的乳母费氏对他非常好，费氏原本是郑板桥祖母的侍婢，为了报答主人之恩，遂与郑家共患难。郑板桥还特为乳娘写过一首诗："平生所负恩，不独一乳母。长恨富贵迟，遂令惭恶久。黄泉路迂阔，白发人老丑。食禄千万钟，不如饼在手。"诗中描写的是费氏对他的恩扶，甘愿与其患难的情景，郑板桥也是个知恩的人。

康熙五十四年（1715年），郑板桥与徐氏结婚，家道贫寒。第二年，郑板桥考中秀才。康熙五十七年（1718年），为了维持生计，郑板桥设立私塾。在郑板桥30岁的时候，父亲不幸去世，这时的他日常吃穿都难以维持，又欠了很多债。此后他便开始在扬州卖画，持续了大约十年的光阴。

郑板桥的墨竹图在清代中期最为出名，当时垄断画坛的所谓正统画派是以"四王"为代表的画派，他们将郑板桥等扬州画派看作是"离经叛道"。但是郑板桥等人却不分画派，不论正宗与否，是好的就吸收，以至他们的绘画成就突飞猛进。郑板桥著有《板桥全集》，代表画作有《兰竹图》《墨竹图》《梅兰竹石图》等。

马宗霍在《松轩随笔》中说："板桥有三绝，曰画、曰诗、曰书。三绝之中又有三真，曰真气，曰真意，曰真趣。"郑板桥将这"三绝"和"三真"发挥到了极致。

郑板桥对竹子的喜爱说是走火入魔一点儿也不过分，他无论是在山东做官的时候，还是在扬州卖画的时候，房前屋后都种植上一片翠竹，有人说"板桥无竹不入居"。他爱竹是因为"竹有劲节""历寒暑而不凋"，无论是树干还是树叶都是那么的青翠欲滴。他以竹之"介于否，坚多节"来表达自我孤高的情操。竹是古代"四君子"之一，这"四君子"梅、兰、竹、菊自唐、宋开始，就被画家经常作为绘画题材。他们用梅之高洁、兰之幽香、竹之挺拔、菊之傲霜的这些自然属性来象征人格高尚、举止文雅、高洁等品德。特别是竹子，更是被誉为"全德君子"。

郑板桥62岁时画的一幅《竹石图》，取景自他家庭院的竹子。画上题句云："昔东坡居士作古木竹石，使用枯树而无竹，则黯然无色矣，余作竹作石固无取于枯木也；意在画竹，则竹为主以石为辅之，今石反大于竹多于竹，又出于格外也；不泥古法，不执己见，维在活而已……"由此段话可以看出，郑板桥在绘画上能够脱离前人的圈圈框框，能够意识到师从并不是全学，而是

"师其意不失其迹"。所以我们一定要在创作上不怕出格，要有信心追求新的表现手法，不能将自己禁锢在古人之法中。

他的上司包巡抚要他一张画，他画了一幅竹子送给巡抚，画上题了一首著名的诗："衙斋卧听萧萧竹，疑是民间疾苦声。些小吾曹州县吏，一枝一叶总关情。"这首诗既有规劝官吏的意思，也是在提醒自己为人处世要谨慎。郑板桥说过这样一句话："凡吾画兰画竹画石，用以慰天下之劳人，非以供天下之安享人也。"他画画为的就是救"众人"于"水火"之中，这"水火"既是心理上的，更是现实带来的。

郑板桥非常重视观察自然的重要性，观察自家的竹子还不够，邻居家越过他家的竹子，他也不放过："邻家种修竹，时覆过墙来。一片青葱色，居然为我哉。"板桥题画竹云："余家有茅屋二间，南面种竹。夏日新篁初放，绿阴照人，置一小榻其中，甚凉适也。秋冬之际，取围屏骨子短去两头，横安以为窗棂，用匀薄洁白之纸糊之。风和日暖，冻蝇触窗纸上，冬冬作小鼓声。于时竹影零乱，岂非天然图乎！凡吾画竹，无所师承，多得于纸窗、粉壁、日光、月影中耳。"

他认为书法与绘画是相通相连的，书法的意蕴在绘画中也能做到，题道："吾之竹清俗雅脱乎，书法有行款，竹更要行款；书法有浓淡，竹更要有浓淡；书法有疏密，竹更要有疏密。"

他擅写竹，更将款题于竹石间。郑板桥的题画诗有着深刻的思想内容，可以反映他对现实社会的关注与理解。他字字句句铿锵有力，直击要害，正如他在《兰竹石图》所说："要有掀天揭地之文，震电惊雷之字，呵神骂鬼之谈，无古无今之画，固不在寻常蹊径中也。"

板桥一方面师法自然，一方面向前辈及同辈画家学习。他将二者有机结合，灵活运用，这也就不奇怪他在画坛上的地位是那么让人崇拜，也不得不承认他高超的绘画水平。

郑板桥提出的"眼中之竹""胸中之竹""手中之竹"这些理论，对后世绘画也产生了很大的影响。郑板桥追求艺术要有自然美，刻意求工的造作绝对

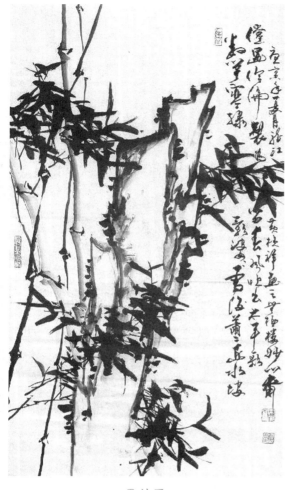

墨竹图

不要，主张画要有"三真"，即真气、真意、真趣，这样作品才能得其形、传其神。

他在他的画作中题词："文与可画竹，胸有成竹；郑板桥画竹，胸无成竹。浓淡疏密，短长肥瘦，随手写去自尔成局，其神理俱足也。"文同，擅书画，尤工墨竹，是我国北宋一位颇有影响的写竹名家。他主张绘画要"胸有成竹"，其意是"全竹在胸""意在笔先"；郑板桥写竹要"胸无成竹"，"胸无成竹"不是说作画时对客观对象一无所知，而是说画者应在平时多观察，牢记在心，求得"胸有成竹""意在笔先"，然后笔随心意，畅意挥洒。

郑板桥在《题画竹》中说过这样一段著名的话：

江馆清秋，晨起看竹，烟光、日影、露气，皆浮动于疏枝密叶之间。胸中勃勃，遂有画意。其实，胸中之竹，并不是眼中之竹也。因而磨墨、展纸，落笔作变相，手中之竹，又不是胸中之竹也。总之，意在笔先者，定则也；趣在法外者，化机也。独画云乎哉！

此段话谈到了"眼中之竹""胸中之竹"和"手中之竹"的演变关系，晨起观竹，烟光、日影等是指在特定的自然环境和物象作用下，竹子呈现出不同的状态，艺术家看在眼中，心里应该有所感悟。"眼中之竹"是客观存在的对象，通过艺术家的视觉反映在心里和脑海里，这种客观存在的景物可以引起艺术家的愉悦，从而产生创作的欲望与灵感，是所有创作的基础和源泉。

"胸中之竹"，艺术家主动接受客观景物在自己思想中的重塑，在心中经过分析加工和选择取舍之后，形成了自己主观意向的竹子，这"胸中之竹"就是艺术家的主观意向与客观存在的景物产生了沟通与融合，"胸中之竹"受到学识修养、爱好以及生活背景的影响，因为这些不同而不同。

"手中之竹"是"胸中之竹"指导下产生的实践结果，是画家独立的构

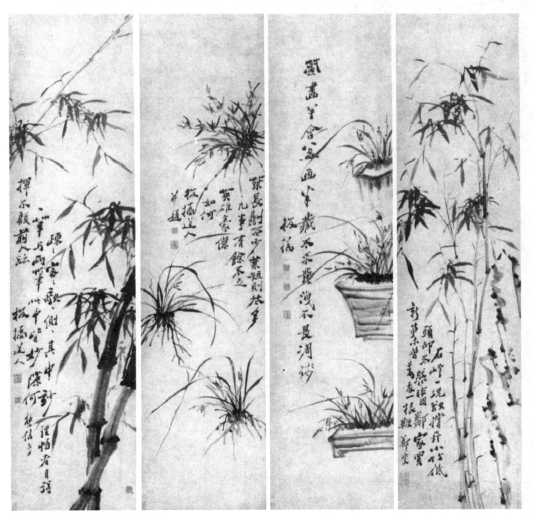

兰竹图

竹石图

思通过笔墨跃然纸上的结果，它已非完全的"胸中之竹"。

他画兰竹石题云："一竹一兰一石，有节、有香、有骨。满堂君子之人，四时清风拂拂。"画兰题云："不是春风，不是秋风；新篁初放，在夏月中，能驱吾暑，能豁吾胸，君子之德，大王之雄。"从郑板桥流传至今的诗、画作品中，足以看出他对竹、兰、石、菊的喜爱之情，将它们绘在纸上，是一种喜爱，也是想借它们抒发自己无法言说的情怀，或喜或悲，或赞扬或自勉，他标新立异，不同常人，于是造就了今天他在画坛上的地位。

郑板桥卖画都是明码标价，少一分都不行，千万不要拿礼物换，他认为拿钱更实在。"大幅六两，中幅四两，书条对联一两，扇子斗方五钱。凡送礼物食物，总不如白银为妙。盖公之所送，未必弟之所好也。若送现银，则心中喜悦，书画皆佳。礼物既属纠缠，赊欠尤恐赖账。年老神疲，不能陪诸君子作无益语言也。"明明是俗不可耐的事，却在这直白的语言中尽显可爱，这正是因为他的率真。他还在最后附了一首诗："画竹多于买竹钱，纸高六尺价三千。任渠话旧论交接，只当秋风过耳边。"他制定的《板桥润格》已成为中国画家明码标价卖画的第一个。

郑板桥对狗肉的喜爱，就像他对竹子的喜爱一样无法自拔。当时的达官贵人、豪门巨绅，家中的厅堂点缀，都以得到郑板桥的书画为荣。但是郑板桥的作品是可遇不可求，他不求名利，不畏权势，他最不喜欢的就是为那些官宦劣绅们作画，所以那些官宦们千方百计地想得到他的作品。一次，一帮豪绅聚在一起商量着如何得到郑板桥的书画，一个陷阱就这样诞生了。他们了解到郑板桥非常爱吃狗肉，于是在他外出郊游的必经之路上，借了一间村民的茅舍，煮了一锅香喷喷的狗肉，等到郑板桥路过的时候，"主人"跑出来邀请郑板桥，好酒好肉招待。板桥估计是只想着那狗肉了，坐在那里大快朵颐，等到郑板桥吃罢了，"主人"端出笔墨纸砚，请板桥留联作为纪念。郑板桥觉得自己今天大饱口福，很是爽快，满口答应了，随即提笔挥洒笔墨，并询问主人名字以署款。书毕，尽兴而归。后来的一天，郑板桥在一次宴席上，偶然发现自己那一次的书画作品正挂在那里，才反应过来自己上当受骗了，十分后悔，为什么自己就那么嘴馋呢？

郑板桥的书法也是风格独具，他将隶、楷、行结合在一起，别具一格，自称"六分半书"。

郑板桥的廉洁爱民是众所周知的，他可以不顾朝廷怪罪而放粮仓救民，可以忍受被贬后只剩三头毛驴的落魄。这样一位画品、人品俱备的艺术家，谁人不爱？

郑板桥的作品在书画市场中占有举足轻重的地位，一直是藏家们追捧的对象，郑板桥作品存量也是很丰富的，市场交易活跃。其中绘画作品大多为竹石、兰竹图之类，这类题材为板桥擅长之作，传世较多，但是赝品也多。2002年中国嘉德拍卖会上，《竹石兰蕙图》以297万元成交。2006年北京永乐国际春拍其《幽篁兰泉图》以836万元成交，创下郑板桥作品拍卖的历史最高纪录。

图书在版编目（CIP）数据

古代画家那些事儿 / 韩莹莹，马赟著.—郑州：河南美术
出版社，2014.1（2020.6）
（轻松读艺术）
ISBN 978-7-5401-2765-7

Ⅰ.①古… Ⅱ.①韩… ②马… Ⅲ.①画家 – 生平事
迹 – 中国 – 古代 – 通俗读物 Ⅳ.①K825.72–49

中国版本图书馆CIP数据核字（2013）第286848号

轻松读艺术

古代画家那些事儿

韩莹莹　马赟 / 著

责任编辑：陈　宁
责任校对：张志生　侯　果
装帧设计：陈　宁　葛文璐
出版发行：河南美术出版社
　　　　　　地址：郑州市经五路66号
　　　　　　邮政编码：450002
　　　　　　电话：（0371）65727637
设计制作：河南金鼎美术设计制作有限公司
印　　刷：三河市同力彩印有限公司
开　　本：787毫米×1092毫米　16开
印　　张：10
字　　数：180千字
版　　次：2014年1月第1版
印　　次：2020年6月第5次印刷
书　　号：ISBN 978-7-5401-2765-7
定　　价：48.00元